JN008948

この本の使い方

この本では、バー・レッスンのパごとに正しく行うためのポイントを紹介します。
そのポイントを頭に入れたうえで、パを正しく行うためのバーオソルにチャレンジしましょう。
最後は立った状態でそのパを行い、必要な筋肉を使って正しく行えているか確認してください。

バーオソルでいちばん大事なのは「おなかの奥」と「おしりの下」の意識です。
まずはP6からのLesson1「バレエの姿勢」でこの2ヵ所のトレーニングを行いましょう。
バーオソルをする際は、この2ヵ所をきちんと意識した上で行ってください。

レッスンがない日は、ぜひLesson1〜9までフルで行ってみてください。
でも時間がないときや、レッスン前にウォーミングアップとして行う場合は、
つぎのバーオソルをおすすめします。
バレエ歴が浅く、バーオソル初心者の方：Lesson1 バレエの姿勢
「おなかの奥」と「おしりの下」を意識できるようになった方：Lesson2 プリエ＋その他のエクササイズ

通常のバー・レッスンの最後にはリンバリングを行うように、
バーオソルのあとはかならずストレッチで筋肉をほぐすことをおすすめします。
バー・レッスンでは使えていないところを強化するので、より筋肉に負荷がかかっているからです。

バーオソルは、くつ下やバレエシューズをはいて行うのがおすすめです。
エクササイズはケガをしないようムリのない範囲で行いましょう。

この本は23本の動画つきです。ぜひ動画を見ながらレッスンしてみましょう。
以下のQRコードをスマホやタブレットで読みこみ、
IDとパスワードを入力してページにアクセスしてください。

ID：clarabarreausolkniaseffmethod
パスワード：clarakanami2023

＊本サービスは予告なく内容を変更、または終了することがあります
＊QRコードは株式会社デンソーウェーブの登録商標です
＊本書のQRコードの転載、転売および譲渡、動画のネットワーク上へのアップロード、複製および複写物の公開は禁じられています
＊動画が視聴できないことを理由とした本書の返品には対応しかねます。あらかじめご了承ください

Lesson 1

バレエの姿勢(しせい)

はじめに、バレエとバーオソルの
正しい姿勢を確認しましょう。
大切なのはおなかをへこませながら
頭のほうへ引き上げること、そして
左右のおしりの下を集めることです。
これはバーオソルで
もっとも重要なポイントなので、
しっかりレッスンして
感覚をつかみましょう。

ここがポイント★バレエの姿勢

バー・レッスンを始める前に、
正しい姿勢を確認しましょう。
バレエもバーオソルも、
守るべきポイントは同じです。

バレエの姿勢

首の後ろ、みぞおちのうら、
仙骨*（背骨のいちばん下にあるおしりの骨）、
かかとがまっすぐに並ぶように立つ

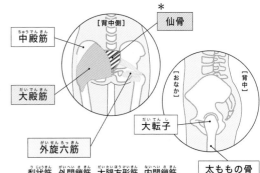

[背中側]
中殿筋
仙骨
大殿筋
外旋六筋
*
[おなか] [背中]
大転子
太ももの骨（大腿骨）

梨状筋、外閉鎖筋、大腿方形筋、内閉鎖筋、上双子筋、下双子筋をさす

おしりの奥にある6つの小さな筋肉。大転子と骨盤をつないでいるため、外旋六筋を背骨側に向かってちぢめると大転子が回転し、アン・ドゥオールできる。大殿筋や中殿筋（おしりの表面にある大きな筋肉）に力を入れすぎると外旋六筋が動かしにくくなるので注意

おなかはへこませながら
頭のほうへ引き上げる

左右のおしりの下（外旋六筋）を集めて
大転子（太ももの骨の先端にあるまるい部分）を
後ろに回し、ももうらと内ももを回して
両脚をアン・ドゥオール

膝とつま先の
向きをそろえる

バーオソルの姿勢

膝とつま先の
向きをそろえる

おなかはへこませながら
頭のほうへ引き上げる

左右のおしりの下を集めて大転子を後ろに回し、
ももうらと内ももを回して両脚をアン・ドゥオール

頭、みぞおちのうら、
おしりの真ん中、かかとが
床についている

これらのポイントを意識しながらバーオソルを行っていきましょう！

正しいバレエの姿勢をつくるバーオソル

正しいバレエの姿勢をキープするときに必要な
おなかの奥の筋肉とおしりの下の筋肉を使う感覚を身につけましょう！

Exercise

おなかを引き上げる

上体を引き上げるときは、おなかをへこませて
おなかの奥の筋肉を使います。
その感覚をエクササイズで感じてみましょう。

Level 1
おなかの奥の筋肉を感じる

❶ あお向けに寝て、両脚を腰幅に開いて膝を立てる。両手はおなかの上に置く。

頭、みぞおちのうら、おしりの真ん中を床につけて

❷ 鼻から息を吸いこみおなかをふくらませ、2秒間息を止める。

NG✕
胸で息をしてしまい、おなかがふくらんでいない

❸ 8秒かけておなかをへこませながら、口から息をはきだしていく。①と②を3回くり返し、おなかの奥の筋肉を使っているのを感じる。

息をはききったときのおなかの感覚が引き上げているときのおなかの感覚と同じ！

Level 2
おなかの奥の筋肉を使いながら動く

❶ あお向けに寝て、両脚をそろえて膝を立てる。おなかをへこませて、頭のほうへ引き上げる。両手はおなかの上に置く。

❷ 両脚を天井に向かってのばす。

脚は90度に上げる

おなかの奥の筋肉に力を入れたまま

❸ 両脚を左右に大きく開き、②にゆっくりともどる。②と③を3回くり返す。

おなかの奥の筋肉に力を入れつづける

左右のおしりの下を集める

おしりの下を使って腰をもち上げることで、
アン・ドゥオールに必要な内ももともももうらの筋肉をきたえていきます。
肩甲骨（けんこうこつ）まわりもいっしょにほぐしていきましょう。

1

つま先は少し
外に向ける

頭の
ほうから
見ると

❶ 両脚を腰幅に開いて膝を立てる。おなかをへこませて頭のほうへ引き上げる。手のひらを下にして腕は体の横に置き、左右のおしりの下を集める。

2

おしりの下の筋肉でもち上げ、
前ももは使わない

❷ 左右のおしりの下の筋肉をきゅっと集めつづけながら、ゆっくりと腰をもち上げる。肩がうかないところまでもち上げ、キープしてからゆっくり腰を下ろす。これを2回くり返す。

3

胸は天井のほうへ
引っぱられるイメージ

❸ もういちど腰をもち上げたところで両手を組み、肩を片方ずつ寄せ集めるようにしてひじを軽くのばしていく。

左右の肩甲骨を集めたぶん、
胸のあたりが気持ちよく広がるのを感じる

4

❹ 手のひらを上にして、両腕を横に開く。

腕は45度くらいに開く

5

❺ 背骨の上のほうから順に、背中から腰までゆっくりと床につけていく。

最後までおしりの下の筋肉を
集めつづける

プリエのバーオソル

正しい姿勢を意識しながら
かんたんなバレエの動きにも挑戦してみましょう！

Level 1 あお向けでプリエ

おなかの奥の筋肉、おしりの下の筋肉を使いながら
プリエしてみましょう。

1

つま先はポアント

おへそを背骨に近づけ、
左右のおしりの下を集める

肩甲骨を左右に広げるイメージで
腕をのばし、胸を広く

❶ あお向けに寝て、両脚をそろえてのばす。
おなかをへこませて頭のほうへ引き上げる。
腕は左右に開く。

2

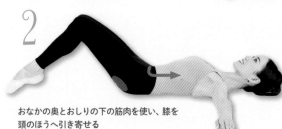

おなかの奥とおしりの下の筋肉を使い、膝を
頭のほうへ引き寄せる

❷ 膝を曲げてプリエにし、ゆっくりと❶に戻る。
❶と❷を2回くり返す。

NG×

おなかの奥とおしり
の下の筋肉を使わず
に脚を曲げてしまい、
腰が反っている

3

おなかの奥の筋肉を使って
頭のほうへ引き上げつづける

❸ かかとをおし出してフレックスに。

4

ゆびに力を入れない

❹ ドゥミ・ポアントに。

5

おなかを頭のほうへ！

つま先を遠くへ

❺ つま先をのばしきる。❸〜❺を2回くり返す。

Challenge!

1

❶両脚をそろえて前に
のばして座る。

おなかをへこませながら
上体を引き上げる

坐骨をまっすぐに
立てる

つま先はポアントに

座ってプリエ

上体の引き上げを意識して動いてみましょう。

2

❷膝を曲げてプリエ。
ゆっくりと①にもどる。
これを2回くり返す。

腰はまっすぐに
立てたまま

後ろから
見ると

左右のおしりの下を集め
て坐骨（左右のおしりの
下にあるごつごつとした
骨）を立てることで、上体
をさらに引き上げている

NG ✕

左右のおしりの下を集め
ていないため、上体が引
き上がっていない

3

❸かかとをおし出してフレックスに。

おなかの奥の筋肉を使って
頭のほうへ引き上げつづける

5

❺つま先をのばしきる。
③〜⑤も2回くり返す。

最後まで上体は
引き上げたまま

つま先を遠くへ

4

❹ドゥミ・ポアントに。

ゆびに力を入れない

うつぶせでプリエ　Level 3

おしりの下の筋肉を感じながら動いてみましょう。

❶ うつぶせになり、つま先はポアントに。両腕を肩幅より少し広げて前にのばし、上体を胸のあたりまで起こす。

1

左右の肩甲骨を下げ、
首と肩はリラックスを心がける

おなかを頭のほうへ引き上げることで、
床とおへその下あたりに
指1本ぶんのすきまができる

左右のおしりの下を集める

背中が落ちてしまう場合は、
床に両ひじをつけて両手を顔の横におき、
上体を支える

恥骨を床につける

両脚をそろえて
パラレルに

❷ 膝をおしりの下に引き寄せるイメージでプリエ。ゆっくりと①にもどる。これを2回くり返す。

おしりの下の筋肉を使わずに、
脚のつけ根でもち上げて
しまっている

NG ✕

引き上げができていないため、
おなかがぺったり床に
ついている

2

膝は90度に曲げる

膝下を遠くに
引っぱりながら
プリエすることで、
おしりの下の筋肉が
使われているのを感じる

できる人は
膝を床から少しうかせる

❸ 左右のおしりを集めたまま、フレックスに。

3

つま先は軽く床につける

❹ かかととの位置を変えないようにして、ドゥミ・ポアントに。

4

おしりの下の筋肉を使っているのを
さらに感じて

❺ つま先をのばしきる。③〜⑤を2回くり返す。

5

つま先を遠くに

正しいバレエの姿勢でパッセしましょう！

これまでのバーオソルで感じた
おなかの奥の筋肉とおしりの下の筋肉を使って、
正しい姿勢をキープしながら動いてみましょう。
体が引き上がっていると脚が軽く動かせます。

1

❶ 第6ポジションで立つ。
手は腰に。

おなかをへこませながら、
頭のほうへ引き上げる

左右のおしりの下を集めて、
首の後ろ、みぞおちのうら、
仙骨、かかとを
まっすぐに並べるイメージ

2

❷ 片脚をイン・パッセ
に上げる。

おなかをへこませながら、
頭のほうへ
引き上げつづける

おなかの奥の筋肉を使って
脚をもち上げる

左右の
おしりの下は
集めたまま

3

❸ パッセに上げた脚
をアン・ドゥオール。
❷→❶で脚を第6ポ
ジションにもどす。

おしりの下を
集めつづけて

おなかの奥の筋肉を使って
引き上げつづけることで、
つけ根まわりが
開きやすくなる

2

プリエ

プリエもバーオソルの
基本を身につけるうえで
重要な項目です。
「おなかの奥(おく)」と「おしりの下」を
使う感覚に意識を集中させて
レッスンしましょう。

ここがポイント ✱ プリエ

まずは正しくプリエをするためのポイントを確認していきましょう。

　プリエで大切なのは、膝を曲げるときに上体の引き上げをキープすること、そして膝をのばすときにさらにアン・ドゥオールすることです。膝を曲げると、つい体の重心もいっしょに下がってしまいがち。おなかをしっかり頭のほうへ引き上げつづけることで重心を高くたもちましょう。正しく引き上がることで脚の関節や筋肉への負担がへり、筋肉を柔軟に使った柔らかいプリエができます。また、のばすときもただのばすのではなく、さらにアン・ドゥオールする意識でのばしていくことで、正しい姿勢をたもったままプリエをすることができます。

おなかの奥の筋肉で
上体を引き上げるために、
おなかをへこませながら
頭のほうへ引き上げる

膝を曲げるとき

膝をのばすとき

左右のおしりの下を
集めて、両脚を
アン・ドゥオール

膝をのばす
ときに、左右の
おしりの下を
さらに集める
ようにして
さらにアン・
ドゥオール

おなかを
へこませながら
頭のほうへ
引き上げつづける

膝をつま先と同じ
方向へ曲げていく

膝とつま先の向きは
そろえたまま

**このふたつのポイントを意識しながら、
プリエのバーオソルにチャレンジしていきましょう！**

正しいプリエのための
バーオソル

上体を引き上げるおなかの奥の筋肉と
アン・ドゥオールに必要なおしりの下の筋肉を使いながら、正しくプリエしてみましょう。

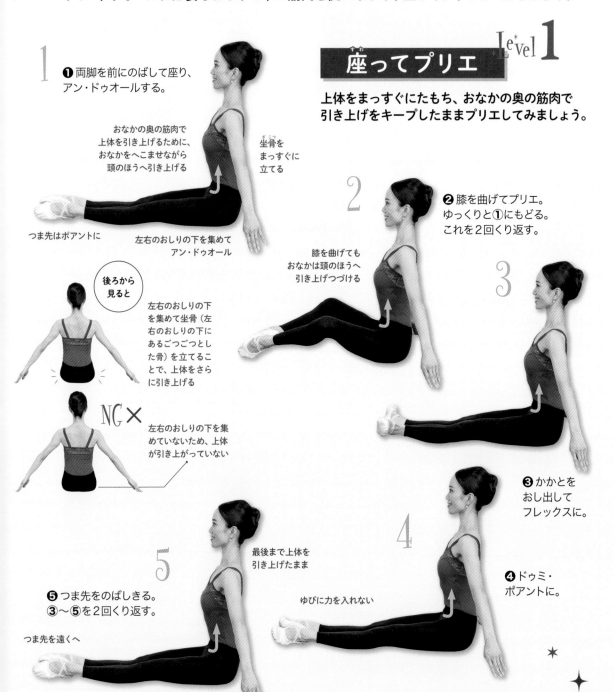

1 ❶両脚を前にのばして座り、アン・ドゥオールする。

おなかの奥の筋肉で上体を引き上げるために、おなかをへこませながら頭のほうへ引き上げる

坐骨をまっすぐに立てる

つま先はポイントに

左右のおしりの下を集めてアン・ドゥオール

後ろから見ると

左右のおしりの下を集めて坐骨（左右のおしりの下にあるごつごつとした骨）を立てることで、上体をさらに引き上げる

NG ✕

左右のおしりの下を集めていないため、上体が引き上がっていない

座ってプリエ　Level 1

上体をまっすぐにたもち、おなかの奥の筋肉で引き上げをキープしたままプリエしてみましょう。

2 ❷膝を曲げてプリエ。ゆっくりと❶にもどる。これを2回くり返す。

膝を曲げてもおなかは頭のほうへ引き上げつづける

3 ❸かかとをおし出してフレックスに。

4 ❹ドゥミ・ポアントに。

ゆびに力を入れない

5 ❺つま先をのばしきる。❸〜❺を2回くり返す。

最後まで上体を引き上げたまま

つま先を遠くへ

Plié

Level 2 ★ **あお向けでプリエ①**

床に寝てプリエしてみましょう。
体のよけいな力がぬけるぶん、
おなかの引き上げやアン・ドゥオールを
より意識しましょう。

1

おなかをへこませながら
頭のほうへ引き上げる

つま先はポアントに

左右のおしりの下を集めて
アン・ドゥオール

肩甲骨（けんこうこつ）を左右に広げる
イメージで腕をのばし、
背中を広く

❶ あお向けになり両脚をアン・ドゥオールし、腕は左右に開く。

2

さらに膝をのばすときに、
おしりの下からアン・ドゥオール

❷ 膝を曲げてプリエ。ゆっくりと①にもどる。これを2回くり返す。

Point!

おなかを頭のほうへ引き上げる力で、膝を引き寄せましょう

NG ×

おなかの奥の筋肉を使わずに、つけ根の力で膝を引き寄せてしまい腰が反っている

3

おなかの奥の筋肉を使って
頭のほうへ引き上げつづける

膝とつま先の向きをそろえる

❸ かかとをおし出してフレックスに。

4

ゆびに力を入れない

❹ ドゥミ・ポアントに。

5

つま先を遠くへ

❺ つま先をのばしきる。③〜⑤を2回くり返す。

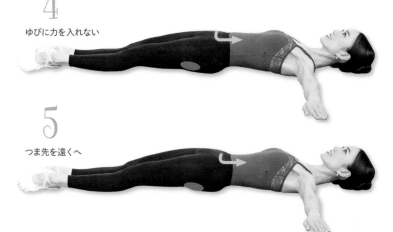

Level 3 　あお向けでプリエ ②

こんどは、脚を上げた状態でプリエしてみましょう。
脚を上げることで、おなかの奥の筋肉やおしりの下の筋肉をよりきたえることができます。

3

足うらに
アーチができるよう、
つま先をのばし
つづける

おなかは頭のほうへ
引き上げたまま

おなかで脚を
支えつづけて

❸ かかとをおし出して
フレックスに。

2

のばすときは
天井に向かって
脚を遠くへのばす

上体を引き上げつづける
おなかの奥の筋肉の力で、
脚を支える

膝をのばすときに、
左右のおしりの下を意識して
さらにアン・ドゥオール。
つけ根で脚を動かさない

❷ 膝を曲げてプリエ。ゆっ
くりと①にもどる。これを2
回くり返す。

1

つま先はポアントに

脚は90度に上げる

腰が反らないように、
おなかをへこませながら
上体を引き上げ、
背中をまっすぐに

肩甲骨を左右に広げる
イメージで腕をのばし、
背中を広く

❶ あお向けになり両脚を天
井に向かってのばし、アン・
ドゥオール。腕は左右に開く。

Point!

脚をキープしにくいひとは、
おしりの下に厚手のタオルを
置いて行いましょう。
腰が安定し、おなかの奥の筋肉を
使いやすくなります

5 つま先を遠くへ

最後まで
左右のおしりの下を
意識しつづけて、
アン・ドゥオールをキープ！

4 ゆびに力を入れない

❺ つま先をのばしきる。
③〜⑤を2回くり返す。

❹ ドゥミ・ポアントに。

おしりの下の筋肉をストレッチしましょう

エクササイズできたえるばかりでは筋肉が硬くなり、
踊りでしっかり使えなくなってしまいます。いちどおしりの筋肉をストレッチでほぐし、
使える状態にリセットしておきましょう。

3 さらに脚のうら全体が
のびるのを感じて

2 おしりの下から
ももうらまでが
のびるのを感じて

1 おしりの下の筋肉が
気持ちよくのびるのを
感じて

❸ ②の姿勢のまま、膝の位置を変えずに
のばす。②と③をゆっくり4回くり返す。

❷ 膝を曲げたまま、両手を
膝のうらで組む。

❶ 両手で膝をかかえて5秒
キープする。

Level 4 うつぶせでプリエ

おしりの下の筋肉に集中して、プリエで
アン・ドゥオールをキープする感覚を身につけていきましょう。

1

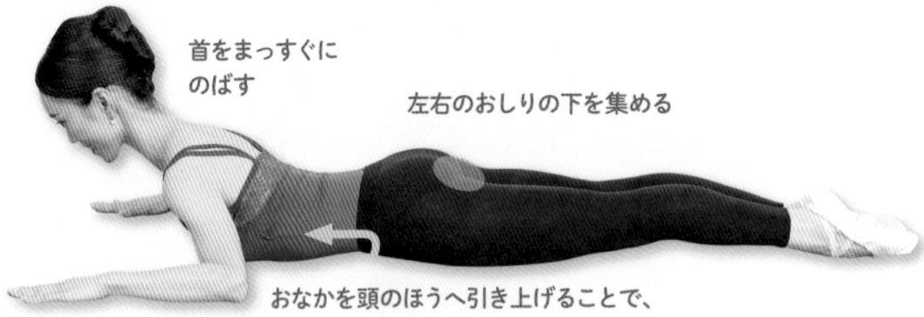
首をまっすぐに
のばす
左右のおしりの下を集める
おなかを頭のほうへ引き上げることで、
床とおへその下あたりに
指1本ぶんのすきまができる

❶ うつぶせになり、両脚をそろえる。両ひじをつき、上体を少し起こす。

2

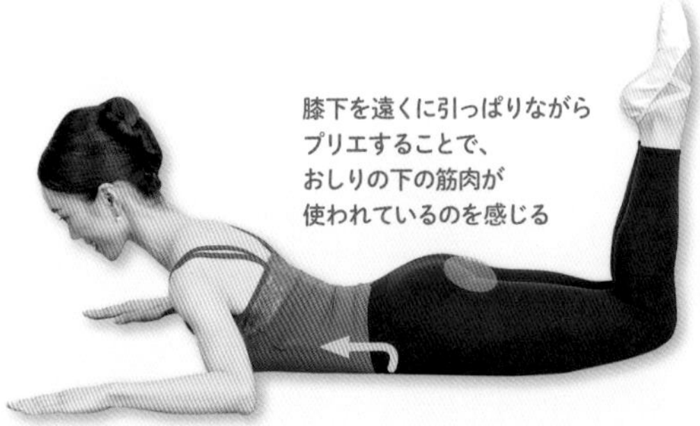
膝下を遠くに引っぱりながら
プリエすることで、
おしりの下の筋肉が
使われているのを感じる
膝をおしりの下に
引き寄せるイメージ

❷ できる人は膝を床から少しうかせ、90度に曲げる。

3

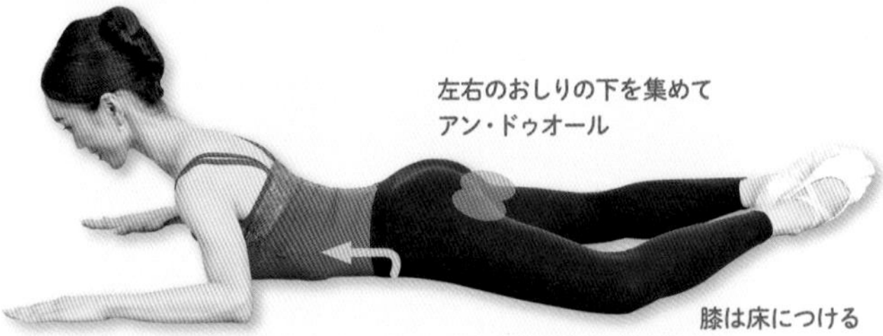
左右のおしりの下を集めて
アン・ドゥオール
膝は床につける

❸ 膝を左右に開き、両脚をアン・ドゥオール。

❹ 膝をゆっくりともち上げて下ろす。これを2回くり返す。

4

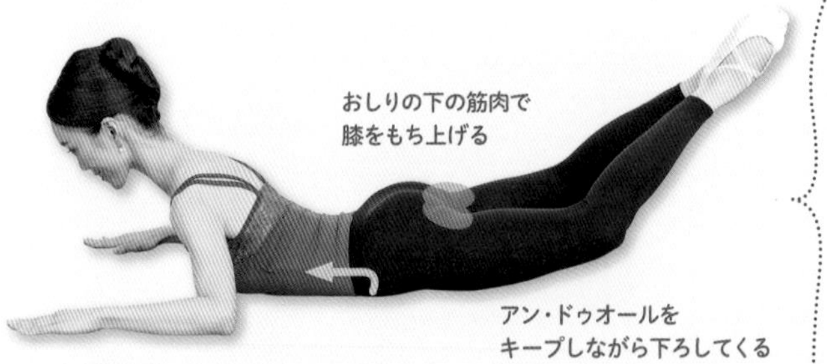
おしりの下の筋肉で
膝をもち上げる
アン・ドゥオールを
キープしながら下ろしてくる

おなかは頭のほうへ引き上げつづけ、左右のおしりの下を集めてアン・ドゥオールする力を使ってもち上げましょう

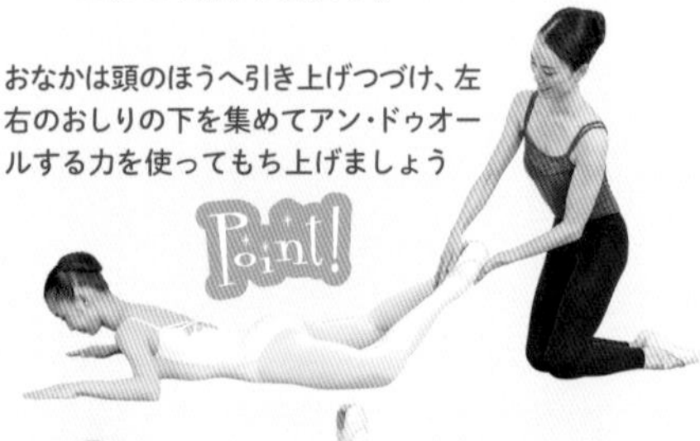
Point!

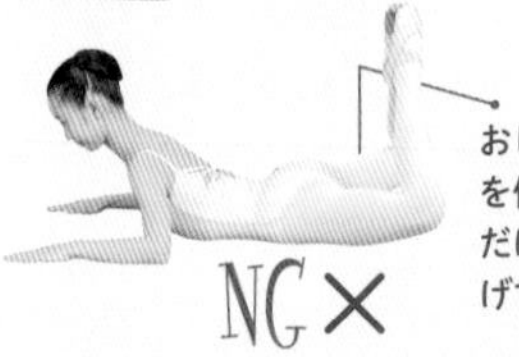

NG×

おしりの下の筋肉を使わず、脚の力だけで膝をもち上げてしまっている

5

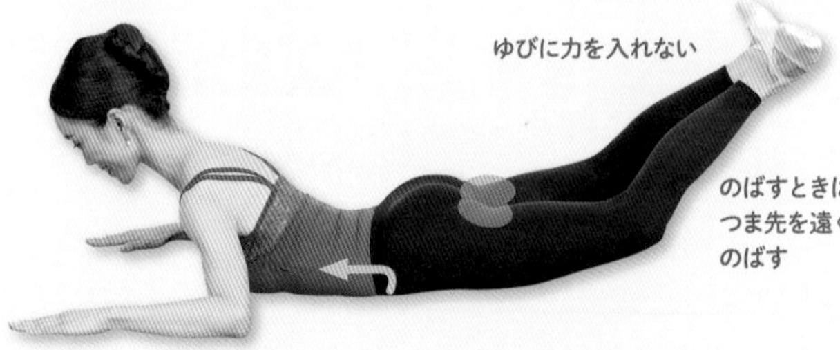
ゆびに力を入れない
のばすときは、
つま先を遠くへ
のばす

❺ もういちどもち上げ、フレックスに。ドゥミ・ポアントを通りながらつま先をのばしきる。④〜⑤を2回くり返す。

バーにつかまって、プリエしてみましょう

バーオソルで確認した膝を曲げるときのおなかの引き上げや
膝をのばすときのアン・ドゥオールを意識しながら正しくプリエをしてみましょう。

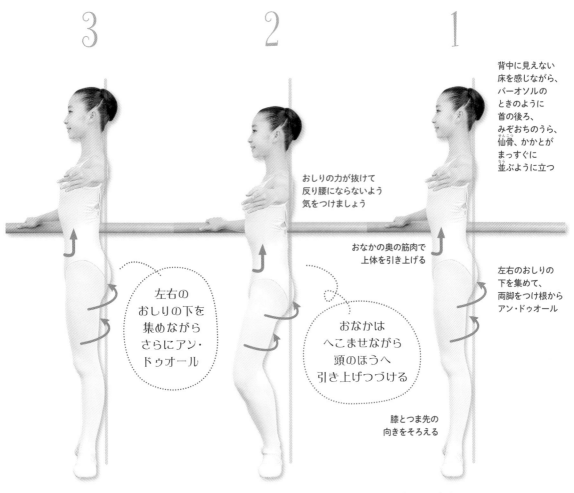

3　　　　　**2**　　　　　**1**

背中に見えない
床を感じながら、
バーオソルの
ときのように
首の後ろ、
みぞおちのうら、
仙骨、かかとが
まっすぐに
並ぶように立つ

おしりの力が抜けて
反り腰にならないよう
気をつけましょう

おなかの奥の筋肉で
上体を引き上げる

左右のおしりの
下を集めて、
両脚をつけ根から
アン・ドゥオール

左右の
おしりの下を
集めながら
さらにアン・
ドゥオール

おなかは
へこませながら
頭のほうへ
引き上げつづける

膝とつま先の
向きをそろえる

❸両膝をのばす。

❷かかとがうかないギリギリの
深さまで膝を曲げていく。

❶第1ポジションで立ち、左腕は
横にのばしてア・ラ・スゴンドに。

タンデュ＆ジュテ

ここからは片脚ずつ動かしていきます。
どの方向に動かす場合も、
両脚ともおしりの下から
しっかりアン・ドゥオールし、
内ももを前に出していくことが大切です。
これが軸の安定と足先まできれいな
脚のラインを作ることにつながります。
バーオンソルでも、床に立って
タンデュ＆ジュテをしている
イメージで行いましょう。

ここがポイント★タンデュ&ジュテ

まずは正しくタンデュとジュテをするためのポイントを確認(かくにん)していきましょう。

タンデュとジュテで大切なのは、**おしりの下を集めてアン・ドゥオールして脚を出していくこと**。そして脚をもどすときに、**さらにアン・ドゥオールしながらももうらと内ももでしっかり両脚をしめること**。ただ脚を出そうとすると、つい前ももを使ってしまいがちです。左右のおしりの下を集めてアン・ドゥオールし、その力を使って脚を出すようにイメージすると、ももうらと内ももを使って正しくタンデュができます。ジュテをするときも左右のおしりの下を集めてアン・ドゥオールしながら脚を出し、最後にゆび先でしっかり床をけりましょう。脚をもどすときは、より左右のおしりの下を集めながらももうらと内ももでしっかり両脚をしめ、第5ポジションにもどしましょう。

タンデュ

左右の
おしりの下を集めて
アン・ドゥオールし、
その力で脚を
出していく

おなかは
へこませながら
頭のほうへ
引き上げる

足うらで
床をするように
脚を出していく

ジュテ

左右のおしりの
下を集めて
アン・ドゥオール
しながら脚を出し、

しっかり床を
けってつま先を
遠くにのばす

おなかは
へこませながら
頭のほうへ引き上げる

脚をもどすとき

さらに左右の
おしりの下を集める意識で
アン・ドゥオールし、
内ももとももうらで
しっかり両脚をしめる

上体を頭の
ほうへ引き上げ
つづけることで、
つけ根に空間を
作り、しっかり
第5ポジションに
もどす

**このふたつのポイントを意識しながら、
タンデュとジュテのバーオソルに
チャレンジしていきましょう!**

正しいタンデュ＆ジュテ のためのバーオソル

おしりの下の筋肉を使ってアン・ドゥオールしながら、正しくタンデュとジュテをしてみましょう。

あお向けでタンデュ　Level 1

床に寝て、よけいな体の力をぬいた状態で行います。
そのぶんおしりの下の筋肉を意識してタンデュしてみましょう。

❶ あお向けに寝て両脚をアン・ドゥオールし、右足前の第5ポジションに。腕は左右に開く。

肩甲骨を左右に広げるイメージで腕をのばし、背中を広く

つま先はポアントに

左右のおしりの下を集めてアン・ドゥオール

おなかをへこませながら頭のほうへ引き上げる

❷ 右脚を前へタンデュ。

Point!

脚をもち上げることばかり意識せず、まずは左右のおしりの下を集めてアン・ドゥオール。そのアン・ドゥオールの力で脚をもち上げましょう

脚をもち上げることばかり意識して、前ももで脚を上げてしまい、おしりの下の筋肉を使えていない

NG×

つま先を遠くへのばしつづけるイメージ

左右のおしりの下を集めながら脚を出すことでももうらと内ももを使えているのを感じる

頭のほうへ上体を引き上げつづけ、腰が反らないように

❸ かかとをおし出してフレックスに。

フレックスでさらにアン・ドゥオールし、よりおしりの下の筋肉を使っているのを感じる

おなかの奥の筋肉を使って頭のほうへ引き上げつづける

❹ つま先をのばし、第5ポジションに脚をもどす。ゆっくりと2回、前のタンデュを行う。

さらに左右のおしりの下を集めてアン・ドゥオールし、ももうらと内ももでしっかりしめる

Tendu & Jeté

Level 2 横向きでタンデュ

少し不安定な姿勢(しせい)でタンデュに挑戦。
おなかの奥の筋肉で上体を引き上げつづけることで、
正しい姿勢をたもちながら脚を動かしましょう。

1

左右のおしりの下を集めて
アン・ドゥオール

おなかの奥の筋肉を使えるように、
おなかをへこませて
頭のほうへ引き上げる

頭は腕にのせ、
首はリラックス

つま先はポアントに

肋骨の下のほうから
ウエストまで
少しういている

前にたおれないように
右手を床につけて体を支える

❶ 左腕をのばして横向きに寝る。両脚をアン・ドゥオールして右足前の第5ポジションに。

上から見たときに腰が反らないよう、のばした腕の指先からつま先までを一直線にする

Point!

2

左右のおしりの下を集めて
アン・ドゥオールし、脚を出す

軸脚もアン・ドゥオール
しつづける

頭のほうへ上体を引き上げつづけ、
腰が前後にたおれないようにする

❷ 右脚を横へタンデュ。

Point!

脚を上げるときに体がたおれないよう、つねにおなかを頭のほうへ引き上げつづけましょう

3

フレックスでさらにアン・ドゥオールし、
よりおしりの下の筋肉を使っているのを感じる

❸ かかとをおし出してフレックスに。

4

さらに左右のおしりの下を集めながら
アン・ドゥオールして、しっかり
第5ポジションにもどす

脚を入れかえると姿勢がくずれやすい。
おなかの奥の筋肉を使って体を一直線にたもちつづけて

❹ つま先をのばし、右足後ろの第5ポジションに脚をもどす。ゆっくりと2回、横のタンデュを行う。

Tendu & Jeté

Level 3 うつぶせでタンデュ

うつぶせはおしりの下の筋肉をとくに感じやすいポジション。
おしりの下の筋肉に集中して、
アン・ドゥオールの感覚を身につけましょう。

❶ うつぶせになり、右足後ろの第5ポジションに。両ひじをつき、上体を少し起こす。

首をまっすぐにのばす

左右のおしりの下を集めて
アン・ドゥオール

おなかを頭のほうへ引き上げることで、
床とおへその下あたりに
指1本ぶんのすきまができる

1

❷ 天井に向かって右脚をもち上げ、後ろのタンデュ。

Point!

後ろに脚を上げるときに腰を反らせてしまいがち。おなかを頭のほうへ引き上げることで、正しい姿勢をたもちましょう

腰を反ってしまい、おしりの下の筋肉を使わずに脚をもち上げてしまっている

NG✕

つま先を遠くへのばしつづける

左右のおしりの下を集めて
アン・ドゥオールし、脚をもち上げる

2

フレックスでさらにアン・ドゥオールすることで、
よりおしりの下の筋肉を使っているのを感じる

3

❸ かかとをおし出してフレックスに。

さらに左右のおしりの下を集めて
アン・ドゥオールし、
第5ポジションにもどす

4

❹ つま先をのばし、脚をもどす。ゆっくりと2回、後ろのタンデュを行う。Level 1〜3までを反対の脚でくり返す。

おなかを頭のほうへ引き上げつづける

横向きでジュテ　Level4

おしりの下の意識をぬかずに、
いきおいよく脚を上げてみましょう。

動画を見ながらあお向けとうつぶせのジュテにも
挑戦してみましょう。

❶ 左腕をのばして横向きに寝る。
両脚をアン・ドゥオールして右足前
の第5ポジションに。

左右のおしりの下を集めて
アン・ドゥオール

前にたおれないように
右手を床につけて
体を支える

つま先はポアントに

おなかの奥の筋肉を使えるように、
おなかをへこませて頭のほうへ引き上げる

❷ 右脚をすばやく横へジュテ。

左右のおしりの下を
集めてアン・ドゥオールし、
脚を出す

頭のほうへ上体を
引き上げつづけ、
腰が前後に
たおれないように

脚を上げるいきおいに負けず、
左脚もアン・ドゥオールしつづける

肋骨の下のほうからウエストまで
少しういている

❸ 右足後ろの第5ポジションに下
ろす。もういちど横にジュテをし、
①にもどる。

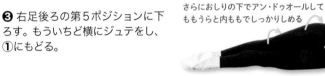

さらにおしりの下でアン・ドゥオールして
ももうらと内ももでしっかりしめる

脚が入れかわっても
おなかの奥の
筋肉を使って
頭のほうへ引き上げ
つづける

❹ 右のつま先を左のくるぶしにつ
けてク・ド・ピエにしてから……

おしりの下でアン・ドゥオールする力で
膝をもち上げる

❺ 右膝をのばし、小さくデヴェロッ
ペ。右足後ろの第5ポジションに
下ろし、②〜⑤を後ろからくり返す。

さらに左右のおしりの下を集めながらアン・ドゥオールし、
しっかり第5ポジションにもどす

脚を前後に入れかえてもおなかの奥の筋肉を使って
頭のほうへ引き上げつづける

Exercise　正しくつま先をのばす感覚を身につけましょう

後ろのタンデュやジュテはかま足※になってしまいがち。
かま足になりにくい姿勢で正しくつま先をのばす感覚を身につけましょう。

※小ゆび側に力が入り、親
ゆび側をのばせておらず足
が内側に曲がった状態。

とくに薬ゆび側を意識しながら、
足の両側面を同じようにのばしきる

❷ かかとの方向を変えないように、そのままつま先
を遠くにのばす。①と②をゆっくり2回くり返す。

❶ 膝を曲げて左右に開き、両脚をアン・ドゥ
オール。かかとをおし出して、フレックスに。

バーにつかまって、タンデュとジュテをしてみましょう

バーオソルで確認したおしりの下の筋肉で脚を出す感覚を意識しながら
タンデュとジュテをしてみましょう。

タンデュ

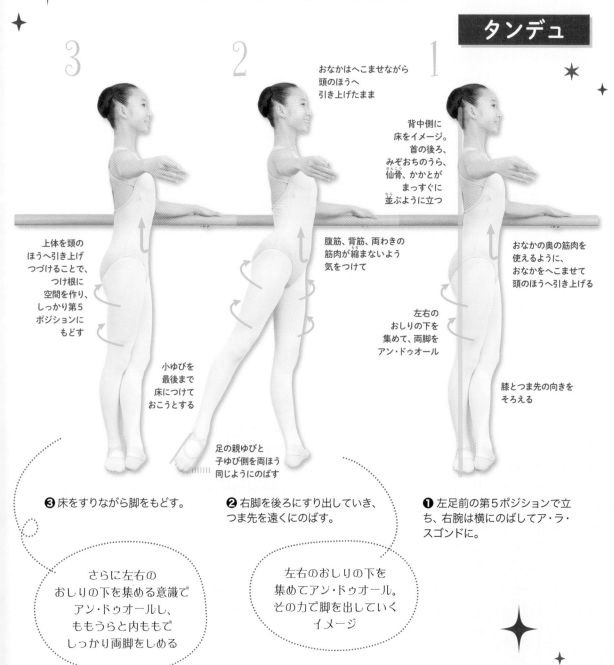

3

2

おなかはへこませながら
頭のほうへ
引き上げたまま

背中側に
床をイメージ。
首の後ろ、
みぞおちのうら、
仙骨、かかとが
まっすぐに
並ぶように立つ

1

上体を頭の
ほうへ引き上げ
つづけることで、
つけ根に
空間を作り、
しっかり第5
ポジションに
もどす

腹筋、背筋、両わきの
筋肉が縮まないよう
気をつけて

おなかの奥の筋肉を
使えるように、
おなかをへこませて
頭のほうへ引き上げる

左右の
おしりの下を
集めて、両脚を
アン・ドゥオール

小ゆびを
最後まで
床につけて
おこうとする

膝とつま先の向きを
そろえる

足の親ゆびと
子ゆび側を両ほう
同じようにのばす

❸床をすりながら脚をもどす。

❷右脚を後ろにすり出していき、
つま先を遠くにのばす。

❶左足前の第5ポジションで立
ち、右腕は横にのばしてア・ラ・
スゴンドに。

さらに左右の
おしりの下を集める意識で
アン・ドゥオールし、
ももうらと内ももで
しっかり両脚をしめる

左右のおしりの下を
集めてアン・ドゥオール。
その力で脚を出していく
イメージ

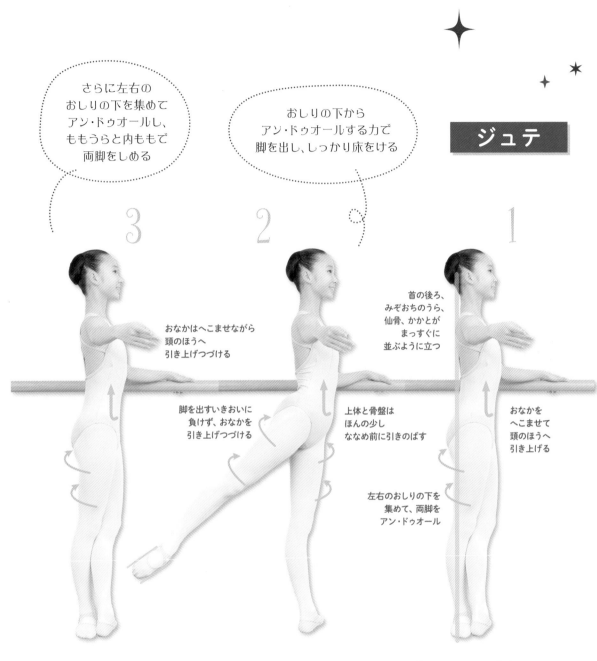

さらに左右の
おしりの下を集めて
アン・ドゥオールし、
ももうらと内ももで
両脚をしめる

おしりの下から
アン・ドゥオールする力で
脚を出し、しっかり床をける

ジュテ

3

2

1

首の後ろ、
みぞおちのうら、
仙骨、かかとが
まっすぐに
並ぶように立つ

おなかはへこませながら
頭のほうへ
引き上げつづける

脚を出すいきおいに
負けず、おなかを
引き上げつづける

上体と骨盤は
ほんの少し
ななめ前に引きのばす

おなかを
へこませて
頭のほうへ
引き上げる

左右のおしりの下を
集めて、両脚を
アン・ドゥオール

❸ 床をすりながら脚をもどす。

❷ 右脚を後ろにすり出してい
き、足ゆびで床をけってつま
先を遠くにのばす。

❶ 左足前の第5ポジションで
立ち、右腕は横にのばしてア・
ラ・スゴンドに。

Lesson

4

フォンデュ

ここからは片脚でバランスをとる動きも入った、

レベルアップしたメニューになっていきます。

フォンデュは軸脚のかかとにしっかり重心を乗せることも大切ですが、

脚だけにたよらず、体幹を使って美しく脚を動かす意識を

バーオソルで身につけていきましょう。

30

ここがポイント✴フォンデュ

まずは正しくフォンデュをするためのポイントを確認していきましょう。

フォンデュで大切なのは、片脚でプリエしたときに**上体をまっすぐにキープする**こと。そして、ク・ド・ピエから脚をのばしていくときに**おなかの奥の筋肉で脚を出していく**こと。脚をもち上げようとして動脚ばかりに意識がいってしまうと、上体が不安定になってしまいます。まずはおなかを頭のほうへしっかり引き上げ、骨盤をまっすぐに立てたままプリエ。脚を出すときは、さらに上体を引き上げながら、おなかの奥の筋肉を使って脚をもち上げます。最後までおなかから脚を遠くへのばしていくように意識しましょう。

プリエするとき

おなかを
へこませて頭のほうへ
引き上げることで、

上体をまっすぐに
キープしながら
プリエ

左右のおしりの下を
集めながら両脚を
アン・ドゥオール

脚を出していくとき

さらに頭のほうへ
引き上げながら、
おなかの奥の
筋肉を使って
脚をもち上げる

脚をのばすとき

頭のほうへ
引き上げつづける

膝うらをしっかり
のばしきり、
おなかから脚を
遠くへのばし
つづける

かま足にならないように
足の親ゆび側と
小ゆび側を両ほう
同じようにのばす

**この3つのポイントを意識しながら、
フォンデュのバーオソルに
チャレンジしていきましょう!**

正しいフォンデュのための
バーオソル

おなかの奥の筋肉を意識しながら骨盤をまっすぐにたもち、
正しくフォンデュしてみましょう。

あお向けでフォンデュ　Level 1

全身のよけいな力をぬき、おなかの奥の筋肉に集中して
脚を動かしましょう。

❶ あお向けに寝て両脚をアン・ドゥオール。腕はア・ラ・スゴンドに。

両手の高さが同じになるように

頭のほうから見ると

ひじをうかせて、ア・ラ・スゴンドに

つま先はポアントに

左右のおしりの下を集めてアン・ドゥオール

おなかを引き上げる

おなかをへこませながら頭のほうへ引き上げることで、骨盤をまっすぐにする

肩甲骨を左右に広げるイメージで腕をのばし、背中を広く

1

❷ 両膝を曲げてプリエ。

つま先は床につける

おなかを頭のほうへ引き上げつづけ、骨盤はまっすぐにキープしたまま

2

❸ 左脚を前に出し、アティテュードに。

❹ 膝の位置を変えずに左脚をのばしきる。③→②→①の順で脚をもどす。

さらに頭のほうへ引き上げながら、おなかの奥の筋肉を使って脚をもち上げる

ももうらをおなかに引き寄せるイメージでもち上げる

左右のおしりの下をさらにアン・ドゥオール

脚を上げても骨盤が左右に傾かないように

3

膝うらをしっかりのばしきり、おなかから脚を遠くへのばしつづける

脚をのばしてもおなかは頭のほうへ引き上げつづける

4

膝をのばすことに意識がいっておなかの力がぬけてしまいがち。腰が左右にたおれないよう、しっかりおなかを引き上げましょう

Point!

NG✕

引き上げが足りずにバランスがくずれてしまい、つま先で体を支えてしまっている

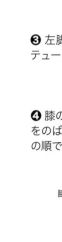

Fondu

つま先は
床につける

おなかを頭のほうへ引き上げ、
骨盤はまっすぐにキープしたまま

5

❺ 両膝を曲げてプリエ。

左右のおしりの下を集めて
さらにアン・ドゥオール

6

❻ 左脚を横に出し、アティテュードに。

さらに頭のほうへ引き上げながら、
おなかの奥の筋肉を使って
脚を出す

❼ 膝の位置を変えずに左脚をのばしきる。❻→❺の順で脚をもどし、両脚をのばす。①〜⑦を反対の脚でも行う。

最後までおなかを
頭のほうへ
引き上げつづける

7

膝うらをしっかり
のばしきる

脚のうら側の筋肉をストレッチしましょう

片脚で行うバーオソルのエクササイズは強い負荷をかけやすいいっぽう、
筋肉が硬くなってしまいがち。エクササイズのあとはおしりの下から
ふくらはぎまでをストレッチし、筋肉を使える状態にリセットしておきましょう。

3

脚の力はぬいたまま

さらに脚のうら側全体がのびるのを感じて

無理をせずに、
のばせるところ
まででOK

❸ 膝をのばしきる。

2

おしりの下から
ももうらまで
気持ちよくのびるのを
感じて

❷ そのまま両膝を左右に開いていき、
第2ポジションのグラン・プリエに。

1

脚（とくに
股関節）の
力をぬいて
リラックス

おしりは
床につける

❶ あおむけになり、両膝を曲げ、かかとを
つかんで第1ポジションのドゥミ・プリエに。

うつぶせでフォンデュ　Level 2

うつぶせで行うときは、腰を使ってもち上げてしまいがち。
よりおなかの奥の筋肉を意識しながらフォンデュしてみましょう。
アラベスクに必要なおしりの下の筋肉もきたえることができます。

❶ うつぶせになり、両脚を
アン・ドゥオール。両ひじを
つき、上体を少し起こす。

左右のおしりの下を集めて
アン・ドゥオール

背中から首までを
まっすぐにのばす

おなかを頭のほうへ引き上げることで、
床とおへその下あたりに
指1本ぶんのすきまができる

❷ 両膝を曲げてプリエ。

左右のおしりの下をさらに集めて
両脚をアン・ドゥオール

おなかを
引き上げることで、
骨盤をまっすぐにたもったまま

❸ 右脚を床から少しうかせ、
後ろのアティテュードを通っ
てつま先を遠くへのばす。
②→①の順で脚をもどす。

脚につられて上げた脚側の骨盤
が床からういてしまわないよう、
骨盤をまっすぐにたもちましょう。
そうすることで、おなかの奥の筋
肉を使うことができます

Point!

脚を上げることばか
りに意識がいってし
まっておなかがゆる
み、腰で脚をもち上
げてしまっている

NG ✕

つま先を遠くへのばす

左右のおしりの下を集めて
アン・ドゥオールし、膝をもち上げる

骨盤が左右に傾かないように

❹ 両膝を曲げてプリエに。

左右のおしりの下を集めて
両脚をアン・ドゥオール

おなかを引き上げ、
骨盤をまっすぐに

❺ 横のアティテュードを通
り、右膝をのばしきる。④に
脚をもどし、両脚をのばす。
反対の脚でも①〜⑤を行う。

おなかは頭のほうへ引き上げつづけ、
軸脚の骨盤が床からはなれないように

膝の位置を変えずに
のばしていく

左右のおしりの下を
さらに集めてアン・ドゥオール

Fondu

❻ 両腕をア・ラ・スゴンドに。

腕を上げるぶん、さらにおなかを
頭のほうへ引き上げる

頭のほうから見ると

両ひじの高さが同じになるように

中指の先は
床についてOK

❼ 両膝を曲げてプリエ。

両手の支えがなくても、
骨盤をまっすぐキープできるように

❽ 右脚を後ろのアティテュードを通り、遠くにのばしていく。❼→❻の順で脚をもどし、横のフォンデュも行う。反対の脚でも❻〜❽を行う。

つま先を遠くへのばす

左右のおしりの下を集めて
アン・ドゥオールし、膝をもち上げる

おなかを頭のほうへ
引き上げつづける

背中をストレッチしましょう

Stretch

エクササイズで腕をア・ラ・スゴンドにキープするときに使った背筋を
しっかりのばしておきましょう。

3

背中が気持ちよくのばせる
ところまででOK

2

みぞおちのうらと仙骨を
引っぱりあいながら、
頭と手を同時に
たおしていく

1

上を見ながら
気持ちよく
背中をのばす

股関節まわりに
力をいれずに
リラックスさせておく

背中が
気持ちよく
のびるのを
感じて

❸ 床につくぎりぎりまで
たおしたところでキープ。

❷ ひじをはり、上体を遠くへ引っぱりつづけながら、ゆっくりと前にたおしていく。

❶ 足うらを合わせて座る。両手を組み、天井へむかって腕をのばす。

バーにつかまって、 フォンデュしてみましょう

Check!

バーオソルで確認したおなかの奥の筋肉で脚を上げる感覚を意識して、フォンデュしてみましょう。

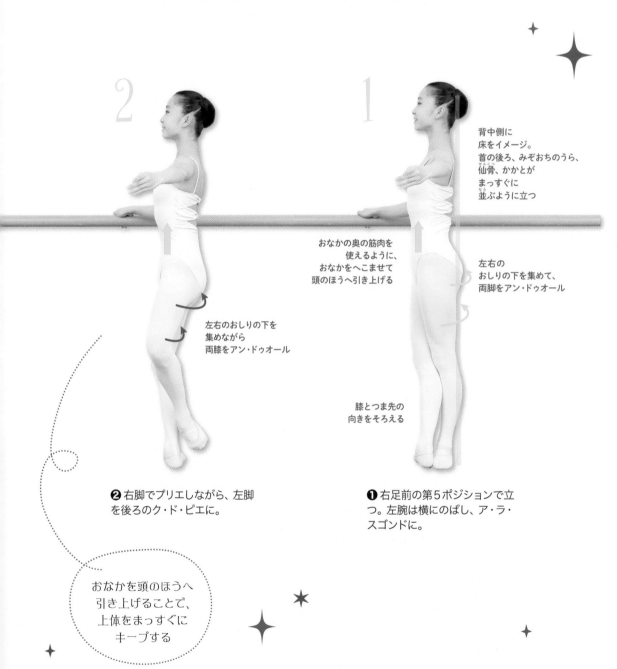

背中側に
床をイメージ。
首の後ろ、みぞおちのうら、
仙骨、かかとが
まっすぐに
並ぶように立つ

おなかの奥の筋肉を
使えるように、
おなかをへこませて
頭のほうへ引き上げる

左右の
おしりの下を集めて、
両脚をアン・ドゥオール

左右のおしりの下を
集めながら
両膝をアン・ドゥオール

膝とつま先の
向きをそろえる

❷右脚でプリエしながら、左脚を後ろのク・ド・ピエに。

❶右足前の第5ポジションで立つ。左腕は横にのばし、ア・ラ・スゴンドに。

おなかを頭のほうへ
引き上げることで、
上体をまっすぐに
キープする

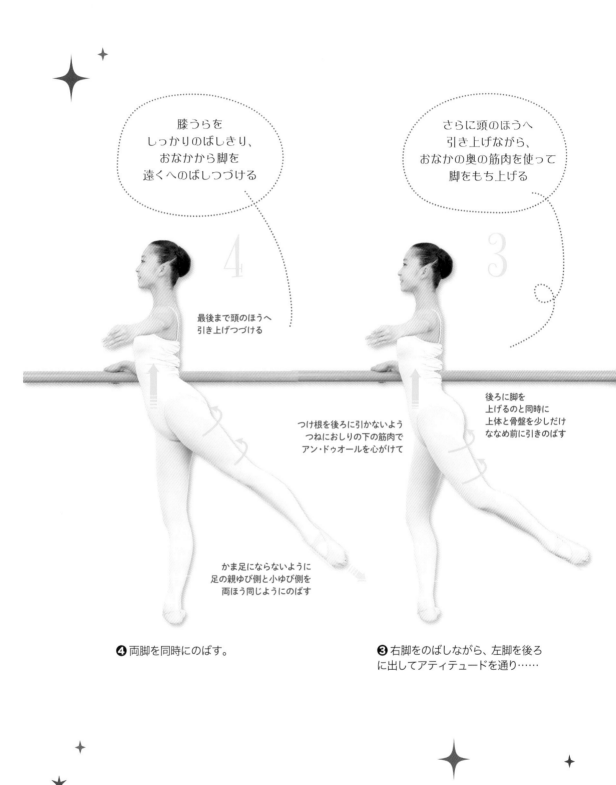

膝うらを
しっかりのばしきり、
おなかから脚を
遠くへのばしつづける

さらに頭のほうへ
引き上げながら、
おなかの奥の筋肉を使って
脚をもち上げる

最後まで頭のほうへ
引き上げつづける

後ろに脚を
上げるのと同時に
上体と骨盤を少しだけ
ななめ前に引きのばす

つけ根を後ろに引かないよう
つねにおしりの下の筋肉で
アン・ドゥオールを心がけて

かま足にならないように
足の親ゆび側と小ゆび側を
両ほう同じようにのばす

❹両脚を同時にのばす。

❸右脚をのばしながら、左脚を後ろ
に出してアティテュードを通り……

フラッペ＆プティ・バットマン

フラッペとプティ・バットマンでは、すばやく、強く動かす脚に負けない上体と軸脚（じくあし）をつくることが大切です。体の表面の筋肉を固めてぎこちない動きにならないよう、紹介するポイントをしっかり守りましょう。

また、立ったときの「軸脚を床につきさし、上体は引き上げつづける」という上下の引っぱりあいでつくる軸を、床に寝た状態でも感じながら練習しましょう。

ここが ポイント フラッペ＆プティ・バットマン

まずは正しくフラッペとプティ・バットマンをするためのポイントを確認していきましょう。

フラッペとプティ・バットマンで大切なのは、左右のおしりの下を集めることで内ももともももうら、なかでもももうらを使い、脚を動かすこと。そしておなかの奥の筋肉で上体を引き上げつづけること。すばやく脚を動かそうとすると外ももを使ってしまいがちです。つねに左右のおしりの下を集めてアン・ドゥオールし、ももうらの力で脚をク・ド・ピエにもち上げましょう。また脚を出すときは、脚のいきおいに負けないように、おなかの奥の筋肉で上体を頭のほうへ引き上げつづけることが大切。すばやく脚を出しても、つねに引き上げつづけることで、ぶれない上体をつくりましょう。

ク・ド・ピエにしたとき

おなかの奥の筋肉で上体を引き上げる

おなかの奥の筋肉で上体を引き上げる

左右のおしりの下を集めつづけ、ももうらの力で膝をもち上げる

軸脚を床につきさして上下に引っぱり合う

フラッペで脚を出すとき

さらにおしりの下を集めるようにし、ももうらを使いつづける

脚を出しても上体がぶれないように、おなかの奥の筋肉で引き上げつづける

つま先を遠くにのばす

軸脚を床につきさす

プティ・バットマンで脚を出すとき

さらにおしりの下を集めるようにし、ももうらを意識しつづける

上体を引き上げつづけることで脚にすきまができ、足をすばやく動かせる

この2つのポイントを意識しながら、フラッペとプティ・バットマンのバーオソルにチャレンジしていきましょう！

正しいフラッペ＆プティ・バットマンのためのバーオソル

おなかの奥の筋肉で上体を引き上げながら、内ももで脚を動かす感覚を身につけましょう。

あお向けでフラッペ　Level 1

全身のよけいな力をぬき、おなかの奥の筋肉とおしりの下の筋肉に集中してフラッペしてみましょう。

1

❶ あお向けになり両脚をアン・ドゥオールし、右足前の第5ポジションに。腕は左右に開く。

つま先はポアントに

肩甲骨を左右に広げるイメージで腕をのばし、背中を広く

左右のおしりの下を集めてアン・ドゥオール

おなかの奥の筋肉で上体を引き上げる

2

❷ 右のつま先を左の内くるぶしにつけて、ク・ド・ピエに。

軸脚はつきさす

おなかを頭のほうへ引き上げつづける

おしりの下を集めることで、ももうらの力で膝をもち上げる

Point!

上げる脚につられて左右のおしりがはなれてしまうと、おなかに力が入らなくなり姿勢がくずれてしまいます。しっかりおしりの下を集めつづけましょう

上げた脚につられて、左右のおしりがはなれてしまっている

NG ×

3

かま足にならないよう、足の親ゆび側と小ゆび側が平行になるようにつま先をのばす

膝うらをしっかりのばしきる

おしりの下を集めつづけ、ももうらを使って脚を出していく

❸ 前に脚をすばやく出し、ク・ド・ピエにもどす。これを2回くり返す。

脚を出すいきおいに負けないようにおなかの奥の筋肉で上体を引き上げつづける

4

❹ もういちど脚を前に出し、そのまま少し下ろす。また元の高さに脚を上げたら、ク・ド・ピエにし、①〜④をもういちどくり返す。

脚を上下に小さく動かすことで、よりおなかの奥の筋肉を意識

Frappé

横向きでフラッペ　Level2

床にふれる面が少なくなるぶん、よりおなかの奥の筋肉で
上体を引き上げて姿勢をキープしましょう。

1

おなかを頭のほうへ引き上げることで、
腰が前後にたおれないように

頭は腕にのせ、
目はリラックス

軸脚は
つきさす

左右のおしりの下を集めながら
アン・ドゥオール

肋骨の下のほうから
ウエストまで
少しういている

右手を床につけて
体を支える

❶ 左腕をのばして横向きに
なり、右脚を前のク・ド・ピ
エに。

2

左右のおしりの下を集めつづけ、
膝を上に向けつづける

脚のいきおいに負けないように、
おなかの奥の筋肉で上体をキープ

膝うらを
しっかりのばしきる

❷ 右脚を横に出す。

3

脚をもどすときにさらにおしりの下を集め、
膝を横にはりつづける

❸ 右脚を後ろのク・ド・ピ
エに。後ろから右脚を横に
出して、前のク・ド・ピエに
もどす。

4

おなかの奥の筋肉で上体をキープしつづける

❹ もういちど脚を出し、そ
のまま少し下ろす。また元
の高さに脚を上げたら、前
のク・ド・ピエにし、❶〜❹
をもういちどくり返す。

Level **3** うつぶせでフラッペ

うつぶせはおしりの下の筋肉をとくに感じやすいポジション。
おしりの下をしっかり集めながら、ももうらの力で脚を動かしましょう。

❶ うつぶせになり右足後ろの第5ポジションに。両ひじをつき、上体を少し起こす。

左右のおしりの下を集めて
アン・ドゥオール

背中から首までを
まっすぐにのばす

おなかを頭のほうへ引き上げることで、
床とおへその下あたりに
指1本ぶんのすきまができる

1

❷ 右脚を後ろのク・ド・ピエに。

左右のおしりの下を集め、
ももうらの力で膝を横にはる

右膝は床につけない

2

❸ 後ろのフラッペを2回行う。

膝うらをしっかり
のばしきる

ももうらの力で膝を横に向けたまま、
脚をのばしきる

脚を出すいきおいに負けないように
上体を引き上げつづけ、正しい姿勢をキープ

3

❹ もういちど脚を出し、そのまま少し下ろす。また元の高さに脚を上げたら、ク・ド・ピエにし、①〜④をもういちどくり返す。反対の脚でもLevel 1〜3を行う。

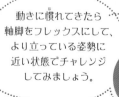

動きに慣れてきたら
軸脚をフレックスにして、
より立っている姿勢に
近い状態でチャレンジ
してみましょう。

おしりの下の筋肉で
脚を上下に動かすイメージ

4

あお向けでプティ・バットマン

おなかの奥の筋肉で上体を引き上げることで、
股関節にすきまをつくり、すばやく脚を動かす練習をしましょう。

❶ あお向けになり、第1ポジションにした両脚をもち上げる。腕は左右に開く。

1

上体を引き上げることで股関節にすきまをつくる

おなかの奥の筋肉にしっかり力が入るように、床に背中をあずけて体のよけいな力をぬく

❷ 右脚を床につくギリギリまで下ろし、第1ポジションにもどす。左脚も行う。

2

おなかの奥の筋肉を使って脚を動かす

❸ つま先をのばしたまま両脚の前後を7回入れかえる。①～③をもういちどくり返す。

3

おなかを引き上げつづけることで股関節に力が入らないように

左右のおしりの下を意識しつづけ、ももうらの力で脚をすばやく動かす

動かす脚につられて、おしりが床からはなれてしまっている

NG×

左右のおしりの下を意識しつづけて、軸脚側のおしりが床からはなれないようにしましょう

Point!

★ ももうらをストレッチしましょう　*Stretch*

アン・ドゥオールすると、ももうらを使うので硬くなってしまいがち。
エクササイズのあいだにストレッチし、しっかりのばしておきましょう。

3

無理をせずのばせるところまででOK

さらに脚のうら側全体がのびるのを感じて

❸ 膝を曲げて足のうらで両手を組み、ゆっくり膝をのばしきる。

2

おしりからももうらまでをしっかりのばす

❷ 左を向きながら、上体を前にたおす。右を向いても行う。

1

股関節まわりを少しずつほぐしていくように

❶ 脚をのばして座る。足うらをつかみ、左右の足を交互に前後に動かす。

Level 2 うつぶせでプティ・バットマン

おしりの下を集めながらプティ・バットマンのように
すばやく脚を動かす練習をしましょう。

❶ うつぶせで第1ポジション
のポアントにし、もち上げる。

つま先はポアントに

左右のおしりの下を集めて
アン・ドゥオール

背中から首までを
まっすぐにのばす

おなかをへこませながら頭のほうへ
引き上げることで、おなかと床のあいだに
指1本ぶんのすきまができる

1

❷ 右脚を横に出して床に下ろ
し、①にもどる。左脚でも行う。

おなかを頭のほうへ引き上げ、
上体をキープ

さらに左右のおしりの
下を集めつづけ、
ももうらで脚を動かす

2

❸ 両腕をア・ラ・スゴンドにし、
両脚を開いて前後を入れかえ
る動きを7回くり返す。①〜
③をもういちどくり返す。

手を床からはなしたときに、
よりおなかを頭のほうへ
引き上げる

おしりの下を意識しながら、
ももうらの力で
両脚を入れかえる

おなかを頭のほうへ
引き上げつづける

3

おなかを頭のほうへ
引き上げつづける

バーにつかまって、フラッペ＆プティ・バットマンしてみましょう

バーオソルで確認したおなかの奥の筋肉で上体をたもちながら、
ももうらを使ってフラッペとプティ・バットマンをしてみましょう。

フラッペ

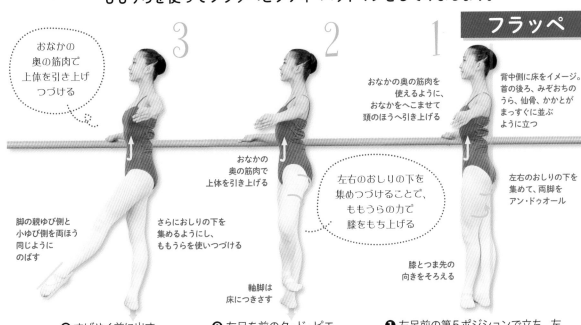

3

おなかの奥の筋肉で上体を引き上げつづける

脚の親ゆび側と小ゆび側を両ほう同じようにのばす

❸ すばやく前に出す。

2

おなかの奥の筋肉を使えるように、おなかをへこませて頭のほうへ引き上げる

おなかの奥の筋肉で上体を引き上げる

さらにおしりの下を集めるようにし、ももうらを使いつづける

軸脚は床につきさす

❷ 左足を前のク・ド・ピエの位置でフレックスに。

左右のおしりの下を集めつづけることで、ももうらの力で膝をもち上げる

1

背中側に床をイメージ。首の後ろ、みぞおちのうら、仙骨、かかとがまっすぐに並ぶように立つ

左右のおしりの下を集めて、両脚をアン・ドゥオール

膝とつま先の向きをそろえる

❶ 左足前の第5ポジションで立ち、左腕は横にのばしてア・ラ・スゴンドに。

プティ・バットマン

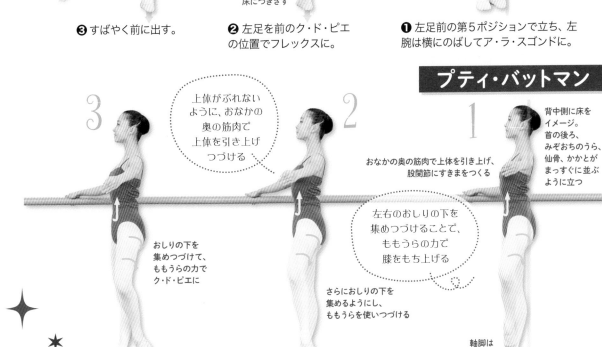

3

上体がぶれないように、おなかの奥の筋肉で上体を引き上げつづける

おしりの下を集めつづけて、ももうらの力でク・ド・ピエに

❸ 後ろのク・ド・ピエに。また横に脚を出し、前後のク・ド・ピエをすばやく交互にくり返す。

2

おなかの奥の筋肉で上体を引き上げ、股関節にすきまをつくる

さらにおしりの下を集めるようにし、ももうらを使いつづける

❷ 左脚を少し右脚からはなし……

左右のおしりの下を集めつづけることで、ももうらの力で膝をもち上げる

1

背中側に床をイメージ。首の後ろ、みぞおちのうら、仙骨、かかとがまっすぐに並ぶように立つ

軸脚は床につきさす

❶ 左足を前のク・ド・ピエにし、腕はア・ラ・スゴンドに。

ロン・ド・ジャンブ・
アン・レール

片脚でバランスをとりながら、より複雑な脚の動きに挑戦しましょう。
体が床についている面積が少なくなり、
立っているときの姿勢に少しずつ近づいています。
体のよけいな力はぬき、でも床だけにたよることなく、
これまで感じてきたおなかの奥や
おしりの下をさらに意識しながら脚を動かしましょう。

ここが ポイント ロン・ド・ジャンブ・アン・レール

まずは正しくロン・ド・ジャンブ・アン・レールするためのポイントを確認しましょう。

ロン・ド・ジャンブ・アン・レールで大切なのは、**左右のおしりの下を集めて骨盤をまっすぐに支えること。そしておなかの奥から脚を上げ、ももうらの筋肉で膝の高さをキープすること**。脚の動きにつられて骨盤がぐらぐらゆれてしまうと、脚をスムーズに動かせません。左右のおしりの下を集めてアン・ドゥオールすることで、土台をしっかり作っておき、骨盤を安定させましょう。また、おなかの奥やももうらの筋肉を使って膝を高くキープしておくことで、膝下をすばやく動かせます。

ア・ラ・スゴンドにしたとき

おなかの奥から脚を遠くへのばすイメージでア・ラ・スゴンドに

左右のおしりの下を集めて下から骨盤をまっすぐ支える

つま先は遠くへのばす

パッセの位置を通ったとき

おなかは頭のほうへ引き上げつづける

おしりの下を集めつづけることで、骨盤はまっすぐに立てたまま

おなかの奥とももうらの筋肉で膝をキープ

脚で半円を描くとき

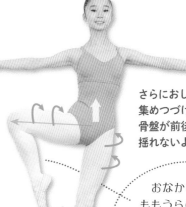

さらにおしりの下を集めつづけて、骨盤が前後左右に揺れないようにキープ

おなかの奥とももうらの筋肉で膝の高さをキープしておくことで、膝下をすばやく動かせる

この2つのポイントを意識しながら、ロン・ド・ジャンブ・アン・レールのバーオソルにチャレンジしていきましょう！

正しいロン・ド・ジャンブ・アン・レールのためのバーオソル

おしりの下の筋肉で骨盤をまっすぐに支えながら、おなかの奥と
ももうらの筋肉を意識して正しくロン・ドしてみましょう。

Level 1 あお向けでアン・レール（アン・ドゥオール）

おなかの奥の筋肉で脚をもち上げたら、ももうらの筋肉で膝をしっかりキープ。
おしりの下も集めつづけ、膝下を動かすときに
軸脚側の腰が床からはなれないように注意しましょう。

❶ あお向けに寝て、両脚を第1ポジションのポアントに。腕は左右に開く。

左右のおしりの下を集めて
骨盤をまっすぐ支える

肩甲骨を左右に広げるイメージで
腕をのばし、背中を広く

つま先は
ポアントに

おなかの奥の筋肉で上体を引き上げる

おなかの奥から
遠くへのばして
いくイメージで
脚を上げる

つま先は床に
つけたまま

左右のおしりの下を集めつづけて
骨盤はまっすぐなまま

❷ 左脚から順に膝を曲げて、両脚をプリエに。

左右のおしりの下を集めつづけて、骨盤を下から支えましょう

Point!

NG ×

左右のおしりの下がゆるんで骨盤がかたむいてしまい、軸脚側の腰が床からはなれてしまっている

上体を引き上げ
つづける

❸ 左脚から順に片脚ずつアティテュードを通り、ドゥヴァンにもち上げる。

ももうらを使えるよう、
エクササイズでは
脚は90°よりも高く上げる

つま先は遠くへ

❹ 左脚をア・ラ・スゴンドに開き、右脚は床に下ろす。

かま足にならないように
足の親ゆび側と小ゆび側を
同じようにのばす

最後まで軸脚側の腰が
床からはなれないように、
おしりの下を意識しつづける

ももうらで
膝の高さをキープして
膝下を動かす

❺ 左膝を曲げ、膝下で半円を描きながらア・ラ・スゴンドまでもどす。ゆっくりと脚の高さを45°まで下げて床に下ろし、①にもどる。反対の脚でも①〜⑤を行う。

Rond de jambe en l'air

あお向けでアン・レール Level 2
（両脚でアン・ドゥオール）

両脚を同時に動かすことで、
よりおなかの奥の筋肉を意識しながらアン・レールしてみましょう。

脚は90°よりも
高く上げる

おなかの奥から
遠くへのばしていくイメージで
脚を上げる

ももうらで膝の高さを
キープしたまま
膝下をすばやく動かす

骨盤が傾いて左右の腰が
床からはなれないように、
おしりの下を意識しつづける

❶～❸ Level 1の①～③を行う。

❹ 両脚をア・ラ・スゴンドに開く。

❺ 両膝を曲げ、膝下で半円を描きながらア・ラ・スゴンドまでもどす。ゆっくりと脚の高さを45度まで下げて床に下ろし、第1ポジションのポアントにもどす。

おなかで脚をもち上げる
感覚が身についてきたら、
こんどは腕をア・ラ・スゴンドにしてチャレンジしてみましょう。

脚のうら側をストレッチしましょう

Stretch

エクササイズで使ったももうらの筋肉が硬くならないようにストレッチ。
同時に膝の位置をキープしたまま膝下を動かす感覚も身につけましょう。

無理せず
のばせるところ
まででOK

右足はポアントにして
おしりの下を意識し、
骨盤を安定させる

❸ 左膝の高さをキープしたまま脚をのばしきり、脚のうら側をストレッチ。②と③を3回くり返す。反対の脚でも行う。

❷ 右手をバンドからはなし、左膝を曲げたまま脚を横に開く。右膝も横に開く。

❶ あおむけになり両膝を立て、左足にバンドを引っかける。

うつぶせでアン・レール（アン・ドゥダン）

左右のおしりの下を集めてアン・ドゥオールすることで、
骨盤を支えながら脚を動かしてみましょう。
また、床を利用して膝は真横に開きつづけましょう。

1

左右のおしりの下を集めて
アン・ドゥオールすることで
骨盤をまっすぐに支える

背中から首までを
まっすぐにのばす

❶ うつぶせになり、両脚を
第1ポジションのポアント
に。両ひじをつき、上体を
少し起こす。

おなかをへこませながら頭のほうへ
引き上げることで、おなかと床のあいだに
指1本ぶんのすきまができる

2

❷ 右脚から順に片脚ずつ膝
を曲げて、プリエに。

おしりの下を集めつづけて
骨盤をまっすぐにキープ

3

膝うらをしっかり
のばしきる

おしりの下を集めつづける

❸ 右脚から順に片脚ずつ後
ろのアティテュードを通り、
のばしきる。

おなかの奥から脚を遠くへ

4

❹ 右脚をア・ラ・スゴンド
に開き、床に下ろす。左脚
はそのまま床に下ろし、フ
レックスに。

フレックスにした脚は
床をおすイメージで
遠くへのばしつづける

おしりの下を集めつづける

おなかの奥から
脚を遠くへのばしていくイメージ

5

❺ 右脚を後ろのパッセにし、
ア・ラ・スゴンドまでもどす。
ゆっくりと❶にもどしてい
き、反対の脚でも❶〜❺を
行う。

最後までおしりの下を
集めつづけて
骨盤はまっすぐに

足の親ゆび側と小ゆび側を
同じようにのばす

Point!

左右のおしりの下を集めて
アン・ドゥオールしつづけ、
膝を真横にしましょう

NG✕

左右のおしりの下を集め
られていないため、膝が
前を向き、膝下が後ろに
ぬけてしまっている

おなかの奥と
ももうらの筋肉で
膝の高さをキープして脚を動かす

Level 4

うつぶせでアン・レール
（両脚でアン・ドゥダン）

両脚を同時に動かすことで、
左右のおしりの下を集めつづける感覚をさらにつかみましょう。

おしりの下を集めつづけて、
骨盤をまっすぐに支える

おなかの奥から
脚を遠くへのばしていくイメージ

❶〜❸ Level 3の①〜③を行う。

❹ 片脚ずつア・ラ・スゴンドに開き、床に下ろす。

かま足にならないように
足の親ゆび側と小ゆび側を
両ほう同じようにのばす

最後までおしりの下を
集めつづけることで、
骨盤はまっすぐなまま

膝の位置を変えずに
膝をのばしきる

❺ 両脚をパッセにし、もういちど
膝をのばす。ゆっくり脚を集めて
①にもどる。

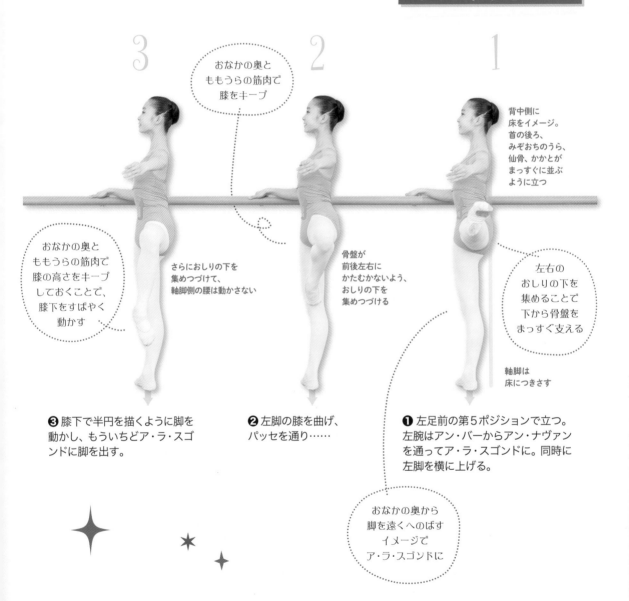

バーにつかまって、ロン・ド・ジャンプ・アン・レールしてみましょう

バーオソルで確認したおしりの下で骨盤を支える感覚や、
おなかの奥とももうらの筋肉で膝をキープする感覚を意識しながら
アン・レールをしてみましょう。

アン・ドゥオール

3

おなかの奥と
ももうらの筋肉で
膝をキープ

2

1

背中側に
床をイメージ。
首の後ろ、
みぞおちのうら、
仙骨、かかとが
まっすぐに並ぶ
ように立つ

おなかの奥と
ももうらの筋肉で
膝の高さをキープ
しておくことで、
膝下をすばやく
動かす

さらにおしりの下を
集めつづけて、
軸脚側の腰は動かさない

骨盤が
前後左右に
かたむかないよう、
おしりの下を
集めつづける

左右の
おしりの下を
集めることで
下から骨盤を
まっすぐ支える

軸脚は
床につきさす

❸ 膝下で半円を描くように脚を
動かし、もういちどア・ラ・スゴ
ンドに脚を出す。

❷ 左脚の膝を曲げ、
パッセを通り……

❶ 左足前の第5ポジションで立つ。
左腕はアン・バーからアン・ナヴァン
を通ってア・ラ・スゴンドに。同時に
左脚を横に上げる。

おなかの奥から
脚を遠くへのばす
イメージで
ア・ラ・スゴンドに

アン・ドゥダン

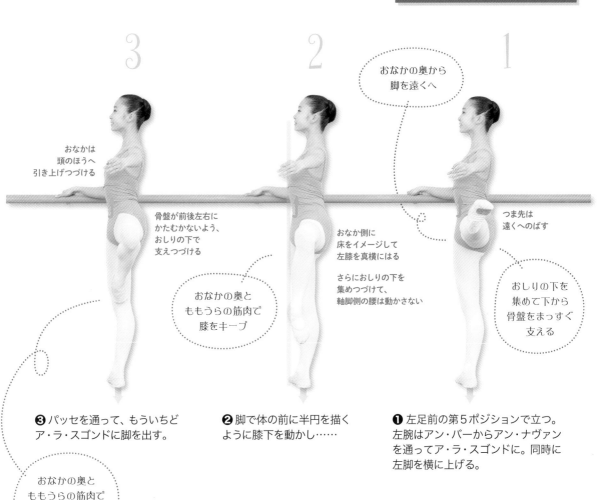

3

おなかは
頭のほうへ
引き上げつづける

骨盤が前後左右に
かたむかないよう、
おしりの下で
支えつづける

おなかの奥と
ももうらの筋肉で
膝をキープ

❸ パッセを通って、もういちど
ア・ラ・スゴンドに脚を出す。

おなかの奥と
ももうらの筋肉で
膝の高さを
キープしたまま
のばしきる

2

おなか側に
床をイメージして
左膝を真横にはる

さらにおしりの下を
集めつづけて、
軸脚側の腰は動かさない

❷ 脚で体の前に半円を描く
ように膝下を動かし……

1

おなかの奥から
脚を遠くへ

つま先は
遠くへのばす

おしりの下を
集めて下から
骨盤をまっすぐ
支える

❶ 左足前の第5ポジションで立つ。
左腕はアン・バーからアン・ナヴァン
を通ってア・ラ・スゴンドに。同時に
左脚を横に上げる。

デヴェロッペ

デヴェロッペは脚を高く上げようと思うあまり、アン・ドゥオールがおろそかになってしまいがち。まずはバーオソルで正しいデヴェロッペの筋肉の感覚をしっかり覚えましょう。バーやセンターでも同じ筋肉を使ってデヴェロッペできているか、つねに確認しながらレッスンしてください。

ここがポイント★デヴェロッペ

まずは正しくデヴェロッペするためのポイントを確認しましょう。

デヴェロッペで大切なのは、**股関節まわりに空間をつくり、脚のつけ根をしっかりおり曲げてアティテュードにする**こと。そしてその**膝の高さをキープしたまま脚をのばしきる**こと。引き上げが足りないと上体の重さで股関節がおさえつけられ、スムーズに動かすことができません。背中とおなかの奥の筋肉を頭のほうへ引っぱるイメージで上体を引き上げ、股関節まわりに空間をつくっておくことで、脚のつけ根をしっかりおってアティテュードに脚をもち上げましょう。そして膝をももうらの筋肉で下からもち上げるようにキープしたまま脚をのばしきりましょう。

パッセにするとき

左右のおしりの下を集めて骨盤をまっすぐに立てる

おなかの奥と背中の筋肉を頭のほうへ引っぱるイメージで上体を引き上げ、股関節まわりに空間をつくる

アティテュードにするとき

おなかの奥から脚を出していくイメージ

上体を引き上げつづけ、股関節まわりの空間をキープし、脚のつけ根をしっかりおり曲げる

脚をのばすとき

おなかの奥から脚を遠くへのばしつづける

ももうらの筋肉で膝を下からもち上げるようにキープしたままのばしきる

この2つのポイントを意識しながら、デヴェロッペのバーオソルにチャレンジしていきましょう!

正しいデヴェロッペの ためのバーオソル

脚のつけ根をしっかりおり曲げて正しくデヴェロッペしてみましょう。
あお向けからうつぶせまで通して行います。

あお向けでデヴェロッペ

おなかの奥と背中の筋肉を頭のほうへ引っぱりつづけ、
床の力も借りながら股関節まわりに空間をつくり、
脚を動かす感覚をつかみましょう。

1

おなかの奥と
背中の筋肉を
頭のほうへ
引っぱるイメージで
上体を引き上げる

引き上げることで
股関節まわりに空間をつくる

左右のおしりの下を集めて
アン・ドゥオールし、骨盤をまっすぐに

❶ あお向けに寝て、腕は左右に開く。右足前の第5ポジションから右膝を曲げていき、前のパッセに。

❷ 右脚を前に出し、アティテュードを通り……

2

上体を引き上げつづけて
股関節まわりの空間をキープ

Point!

上体をしっかり引き上げておくことで、おなかの奥の筋肉でスムーズに脚を動かせます

❸ 膝をのばしきる。第5ポジションにもどし、①～③を2回くり返す。

3

ももうらの筋肉で
膝の高さをキープしたまま
しっかりのばしきる

おなかの奥から脚を
遠くへのばしつづける

NG×

上体の引き上げが足りず、
前ももの力で脚をもち上げてしまっている

❹ もういちど前にデヴェロッペし、フレックスに。

ももうらの筋肉を感じながら
かかとをおし出す

4

おなかの奥から
脚を遠くへのばしつづけて
脚の高さをキープ

最後まで上体を
引き上げつづけて

5

❺ つま先をのばし、脚の位置を固定したまま横向きになる。左腕は頭の下でのばし、右手は床につく。右足前の第5ポジションに脚を下ろす。

左右のおしりの下を集めつづけて
骨盤が前後にたおれないように

Développé

横向きでデヴェロッペ

不安定な姿勢で行うぶん、さらにおなかの奥と背中の筋肉を
意識しながら正しい姿勢をたもちましょう。

1

肋骨の下からウエストは
少しういている

おなかと背中を頭のほうへ引き上げることで
股関節まわりに空間をつくる

骨盤が前後にたおれないよう、
左右のおしりの下を集めつづける

❶ 左腕をのばして横向きに寝る。
右足前の第5ポジションから右膝
を曲げていき、前のパッセに。

2

おなかの奥から
脚を出していくイメージ

上体を引き上げつづけ、
脚のつけ根をしっかりおり曲げる

❷ 右脚を横に出し、アティ
テュードを通り……

3

おなかの奥から
脚を遠くへ
のばしつづける

前後にたおれないよう、
おなかの奥と背中を
頭のほうへ
引っぱりつづける

ももうらの筋肉で
膝の高さをキープ

❸ 膝をのばしきり、右足後ろの第5
ポジションにもどす。後ろのパッセ
を通り、❶～❸を2回くり返す。

4

かかとをおし出して、
ももうらの筋肉を感じる

❹ 前のパッセを通り、もういちど
デヴェロッペをしてフレックスに。

5

おなかの奥から
脚を遠くへのばしつづける

❺ つま先をのばし、脚を遠くへのばし
つづけながらうつぶせになる。両ひじ
を床につけ、上体を少し起こす。右足
後ろの第5ポジションに下ろす。

さらに左右のおしりの下を集めて
アン・ドゥオールしてうつぶせに

うつぶせでデヴェロッペ

おなかの奥から脚を出すイメージでデヴェロッペしてみましょう。
パッセの膝は床につかないようにしっかり真横に開きます。

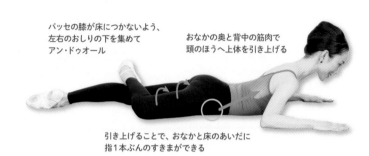

1

❶ うつぶせになり、両ひじをついて上体を少し起こす。右足後ろの第5ポジションから右膝を曲げて後ろのパッセに。

パッセの膝が床につかないよう、左右のおしりの下を集めてアン・ドゥオール

おなかの奥と背中の筋肉で頭のほうへ上体を引き上げる

引き上げることで、おなかと床のあいだに指1本ぶんのすきまができる

2

❷ 右脚を後ろに出し、アティテュードを通り……

上体を引き上げつづけて股関節に空間をつくり、脚のつけ根からしっかりアン・ドゥオール

❸ 膝をのばしきり、第5ポジションにもどす。①〜③を2回くり返す。

Point!

左右のおしりの下を集めつづけ、アン・ドゥオールしながらおなかの奥から脚を出していくイメージで動かしましょう

左右のおしりの下を集められておらず、腰で脚を上げてしまっている

NG✕

3

ももうらの筋肉で膝の高さをキープしたまま遠くへのばす

頭と足先を引っぱり合うように

4

❹ もういちど後ろにデヴェロッペし、フレックスに。

かかとを遠くにおし出して、ももうらの筋肉を感じる

Développé

左右のおしりの下を集めて
アン・ドゥオール

肋骨の下のほうから
ウエストまで
少しういている

5

❺ つま先をのばしたら、うつぶせの姿勢から脚を90°の高さに上げながら横向きになる。

体が前後にたおれないように、さらにおなかの奥と背中の筋肉で上体を引き上げる

6

❻ 右脚を前のパッセに。両腕をアン・オーにし、バランスをとる。

最後までおなかの奥と背中の筋肉で上体を引き上げつづける

7

❼ アン・オーのまま左脚を床からうかせてバランスをとりながら、ゆっくりとあおむけに。両脚を第5ポジションにして床に下ろし、反対の脚で同じように前・横・後ろのデヴェロッペを行う。

脚のつけ根をストレッチしましょう

Stretch

脚のつけ根をしっかりおってバーオソルをしたあとは、ストレッチでほぐしておきましょう。

3
背中から首まで
まっすぐにのばしたまま
つけ根が気持ちよく
のびるところでストップ
上体は
引き上げたまま

2
背中から首まで
まっすぐにのばす
つけ根と膝は
一直線に
おなかの奥の筋肉で
上体を引き上げる

1

❸ 腰を少しかかとのほうに近づけていき、②の姿勢にもどる。これを3回程度くり返す。

❷ 左膝も曲げて、腰をもち上げる。足はフレックスに。

❶ うつぶせになり、両ひじをついて上体を少し起こす。右膝を曲げ……

バーにつかまって、デヴェロッペをしてみましょう

バーオソルで確認したように脚のつけ根をしっかり折り、アティテュードに上げた膝をももうらの筋肉でキープする感覚を意識してデヴェロッペをしてみましょう。

前のデヴェロッペ

3

膝の位置を変えないよう、膝をももうらの筋肉でもち上げながらのばしていく

おなかの奥と背中の筋肉を頭のほうへ引っぱりつづける

おなかの奥から脚を遠くへのばしつづける

2

上体を引き上げつづけて、股関節まわりの空間をキープし、腹筋を使って脚のつけ根をしっかりおり曲げる

おなかの奥から脚をのばしていくイメージ

1

背中側に床をイメージ。首の後ろ、みぞおちのうら、仙骨、かかとがまっすぐに並ぶように立つ

左右のおしりの下を集めて骨盤をまっすぐに立てる

おなかの奥と背中の筋肉を頭のほうへ引っぱるイメージで上体を引き上げ、股関節まわりに空間をつくる

❸ 膝をのばしきる。

❷ 左腕をア・ラ・スゴンドに開きながらアティテュードを通り……

❶ 左足前の第5ポジションから左脚を前のパッセに。左腕はアン・バーからアン・ナヴァンに。

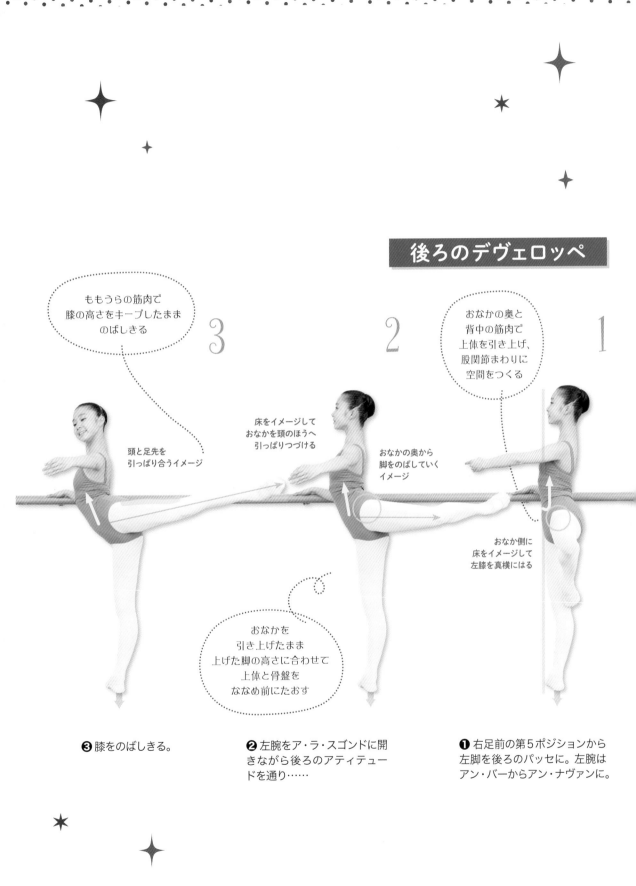

後ろのデヴェロッペ

3

ももうらの筋肉で
膝の高さをキープしたまま
のばしきる

頭と足先を
引っぱり合うイメージ

2

床をイメージして
おなかを頭のほうへ
引っぱりつづける

おなかの奥から
脚をのばしていく
イメージ

1

おなかの奥と
背中の筋肉で
上体を引き上げ、
股関節まわりに
空間をつくる

おなか側に
床をイメージして
左膝を真横にはる

おなかを
引き上げたまま
上げた脚の高さに合わせて
上体と骨盤を
ななめ前にたおす

❸ 膝をのばしきる。

❷ 左腕をア・ラ・スゴンドに開きながら後ろのアティテュードを通り……

❶ 右足前の第5ポジションから左脚を後ろのパッセに。左腕はアン・バーからアン・ナヴァンに。

グラン・バットマン

バー・レッスンの締めくくりは、
ダイナミックな動きのグラン・バットマンです。
脚をいきおいだけで振り上げると骨盤がついていきやすく、
フォームがくずれがち。バーオソルのエクササイズで
腹筋やおしりの下を使いながら上体を引き上げる感覚を身につけ、
より高く美しいグラン・バットマンをめざしましょう。

ここがポイント★グラン・バットマン

まずは正しくグラン・バットマンするためのポイントを確認しましょう。

グラン・バットマンで大切なのは、**左右のおしりの下を意識して骨盤を安定させること。** そして上体を引き上げながら足うらでしっかり床をおし、**股関節まわりの空間をキープしたまま脚を上げること。** 脚を高く上げようとすると、そのいきおいにつられて体の軸もずれてしまいがちです。左右のおしりの下を意識してアン・ドゥオールすることで、骨盤を安定させたまま脚を動かしましょう。また上体の重さで股関節がおさえつけられた状態では、脚を高く上げることができません。上体を引き上げると同時に、足うらでしっかり床をおすようにして股関節まわりに空間をつくり、脚を大きく動かしましょう。

第5ポジションのとき

左右の
おしりの下を集めて
アン・ドゥオールし、
骨盤をまっすぐに

おなかの奥と
背中の筋肉を
頭のほうへ
引っぱるイメージ

上体を引き上げる
と同時に足うらで
床をしっかりおし、
股関節まわりに
空間をつくる

グラン・バットマンしたとき

おなかから脚を遠くへ
出していくイメージ

おなかの奥と
背中の筋肉で
上体は引き上げたまま

しっかり軸脚で床をおし、
股関節まわりの空間を
キープしたまま脚を上げる

左右のおしりの下を
意識しつづけることで、
骨盤を安定させる

**この2つのポイントを意識しながら、
グラン・バットマンのバーオソルに
チャレンジしていきましょう！**

正しいグラン・バットマンのためのバーオソル

上体を引き上げながら、床に寝ていても軸脚で床をおすイメージで
つま先をのばし、正しくグラン・バットマンしてみましょう。

あお向けでグラン・バットマン①

上体とつま先を引っぱり合うイメージで
股関節まわりに空間をつくり、脚を動かしてみましょう。

1

おなかと背中を頭のほうへ
引っぱるイメージで
上体を引き上げる

上体を引き上げながら
つま先を引っぱり、
股関節まわりに空間をつくる

つま先は遠くへのばし、
足うらのアーチをキープ

❶ あお向けに寝て、第1ポジションのポアントに。腕は左右に開く。

左右のおしりの下を集めて
アン・ドゥオールし、
骨盤をまっすぐに

2

上体を引き上げつづけ、
股関節まわりの
空間をキープ

❷ 左脚をゆっくりと90°の高さに上げて……

3

おなかの奥から脚を遠くへ
のばしていくイメージでロン・ド

❸ ア・ラ・スゴンドまでロン・ド。もういちど前までロン・ドし、①にもどる。

脚を開いたときに
軸脚側の腰がつられないよう、
左右のおしりの下を意識して
骨盤をキープ

❹ 前にいきおいよく脚を上げて、グラン・バットマンを2回行う。①にもどり、②〜④を左右交互に2回ずつ行う。

Point!

上体とつま先を引っぱり合うようなイメージで股関節まわりの空間をキープしたまま、おなかの奥から脚を上げましょう

NG×

引っぱり合う力がたりず、股関節まわりの空間がない状態で、むりに脚を上げてしまっている

4

左下のおしりを
意識しつづけ、
骨盤をまっすぐにキープ

おなかから
脚を遠くへ出していく
イメージ

Grand Battement

あお向けでグラン・バットマン②

上げた脚に軸脚側の腰がつられてかたむきやすいので、
しっかり左右のおしりの下を集めつづけて、
骨盤を安定させた状態で行いましょう。

1

つま先と上体を引っぱり合い、
股関節まわりに空間をつくる

つま先はポアントに

左右のおしりの下を集め、
骨盤をまっすぐに

❶ あお向けに寝て、第1ポジションのポアントに。腕は左右に開く。

2

上体を引き上げつづけることで、
股関節まわりの空間をキープ

左脚に右の腰がつられないよう、
さらに左右のおしりの下を意識して
アン・ドゥオール

❷ 左脚をゆっくり横に上げ……

3

ゆっくりとロン・ドし、
おしりの下を意識する

おなかの奥から
脚を遠くへ
のばしつづける

❸ 前までロン・ド。もういちど横までロン・ドし、①にもどる。

❹ 横のグラン・バットマンを2回行う。②～④を左右交互に2回ずつ行う。

4

つま先と上体を
上下に引っぱりつづける

軸脚側の腰がうかないよう、脚を上げるときに、さらに左右のおしりの下を意識し、骨盤を安定させましょう

おしりがゆるんでしまい、
上げた脚につられて軸脚側
の腰がういてしまっている

うつぶせでグラン・バットマン①

少し上体を起こして行うことで、より引き上げを意識することができます。
左右のおしりの下を集めつづけ、まっすぐ後ろにグラン・バットマンしましょう。

1

❶ うつぶせになり、両ひじをついて上体を少し起こす。脚は第1ポジションのポアントに。

つま先は遠くへのばし、股関節まわりに空間をつくる

おなかの奥と背中の筋肉を頭のほうへ引っぱるイメージで引き上げる

引き上げることで、おなかと床のあいだに指1本ぶんのすきまができる

2

❷ 右脚をゆっくり45°の高さに上げ……

上体を引き上げつづけ、つま先も引っぱり合うように遠くへ

左右のおしりの下を集めながら、まっすぐ後ろに上げる

3

❸ 横までロン・ドして床に下ろす。もういちど床からうかせて後ろまでロン・ドし、①にもどる。

軸脚側の腰がつられないように骨盤をまっすぐにキープ

左右のおしりの下を集めつづけ、床に右脚を下ろす

4

❹ 後ろに2回グラン・バットマン。②〜④を左右交互に2回ずつ行う。

上げた脚のいきおいにつられて軸脚側にたおれないよう、さらにおしりを集めて

脚を上げるときにおなかがゆるみ、床にぴったりとついてしまいがち。上体を引き上げつづけることで股関節まわりに空間をつくり、軽やかに脚を上げましょう

Point!

つま先と上体を引っぱりつづける

NG ✕

脚を上げることばかり意識してしまい、引き上げが足りず、腰の力だけで脚を上げてしまっている

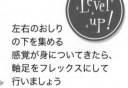
Level up!

左右のおしりの下を集める感覚が身についてきたら、軸足をフレックスにして行いましょう

Grand Battement

うつぶせでグラン・バットマン②

床を利用してさらに左右のおしりの下を集める感覚を
身につけていきましょう。

おなかと背中を
頭のほうへ引っぱり、
上体を引き上げる

上体とつま先を引っぱり合い、
股関節まわりに空間をつくる

おなかと床のあいだに
指1本ぶんのすきまができる

1

❶ うつぶせになり、両ひじをついて上体を少し起こす。脚は第1ポジションのポアントに。

上げた脚に軸脚側の腰が
つられないよう、
左右のおしりの下を集めつづけ、
骨盤をまっすぐに

上体を引き上げつづけ、
股関節まわりの空間を
キープしたまま脚を動かす

右脚は
床につけたまま

2

❷ 右脚をゆっくり横に上げ……

左右のおしりの下を集めながら、
体の真後ろまで脚をもどす

おなかの奥から
脚を遠くへのばしつづける

3

❸ 右脚を後ろにロン・ド。もういちど横までロン・ドして床に下ろしたら、①にもどる。

つま先と上体を
上下に引っぱりつづける

軸脚側の腰がうかないように
おしりの下を集めつづける

つま先を遠くへ

4

❹ 横のグラン・バットマンを2回行う。②～④を反対の脚と交互に2回ずつ行う。

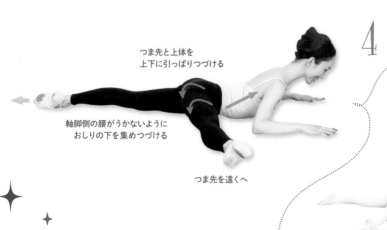

しっかり左右のおしりの下を集めておくことで、アン・ドゥオールをキープしながら正しく脚を上げることができます

左右のおしりの下が集められておらず、前ももで脚を動かしてしまっている

NG×

バーにつかまって、グラン・バットマンをしてみましょう

バーオソルで確認したように上体を引き上げながら
軸足でしっかり床をおしてグラン・バットマンをしてみましょう。

前のグラン・バットマン

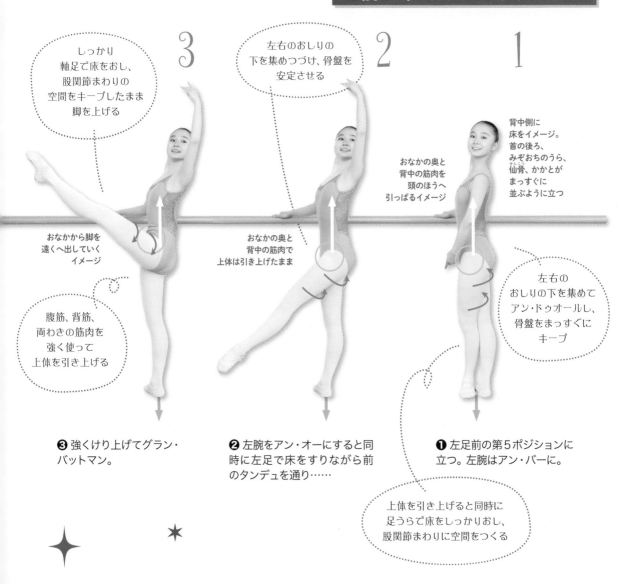

3

しっかり軸足で床をおし、股関節まわりの空間をキープしたまま脚を上げる

おなかから脚を遠くへ出していくイメージ

腹筋、背筋、両わきの筋肉を強く使って上体を引き上げる

❸ 強くけり上げてグラン・バットマン。

2

左右のおしりの下を集めつづけ、骨盤を安定させる

おなかの奥と背中の筋肉を頭のほうへ引っぱるイメージ

おなかの奥と背中の筋肉で上体は引き上げたまま

❷ 左腕をアン・オーにすると同時に左足で床をすりながら前のタンデュを通り……

1

背中側に床をイメージ。首の後ろ、みぞおちのうら、仙骨、かかとがまっすぐに並ぶように立つ

左右のおしりの下を集めてアン・ドゥオールし、骨盤をまっすぐにキープ

❶ 左足前の第5ポジションに立つ。左腕はアン・バーに。

上体を引き上げると同時に足うらで床をしっかりおし、股関節まわりに空間をつくる

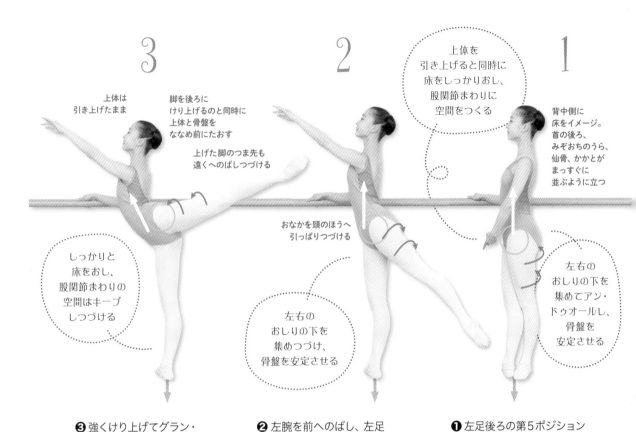

3

上体は引き上げたまま

脚を後ろにけり上げるのと同時に上体と骨盤をななめ前にたおす

上げた脚のつま先も遠くへのばしつづける

しっかりと床をおし、股関節まわりの空間はキープしつづける

❸ 強くけり上げてグラン・バットマン。

2

上体を引き上げると同時に床をしっかりおし、股関節まわりに空間をつくる

おなかを頭のほうへ引っぱりつづける

左右のおしりの下を集めつづけ、骨盤を安定させる

❷ 左腕を前へのばし、左足で床をすりながら後ろのタンデュを通り……

1

背中側に床をイメージ。首の後ろ、みぞおちのうら、仙骨、かかとがまっすぐに並ぶように立つ

左右のおしりの下を集めてアン・ドゥオールし、骨盤を安定させる

❶ 左足後ろの第5ポジションに立つ。左腕はアン・バーに。

内ももをストレッチしましょう

グラン・バットマンで使った脚の内ももともももうらの筋肉をストレッチ。床の力を借りることで、アン・ドゥオールの感覚も感じてみましょう。

2

❷ つま先が上を向くように右脚を真横にのばし、内ももともももうらをストレッチ。反対の脚でも行う。

背中から首までまっすぐにのばしたまま

つま先が前にたおれないようにキープすることで、アン・ドゥオールで使うおしりの下の感覚を感じる

無理せず気持ちよくのばせるところまででOK

足はフレックスに

1

背中から首までまっすぐにのばす

❶ 両ひじと両膝を床につき、両脚を第2ポジションのグラン・プリエに。上体を少し起こし、おなかを引き上げる。

脚に力を入れずリラックス

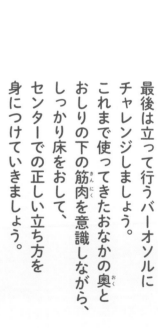

センター・レッスンのためのバーオソル

最後に立って行うバーオソルにチャレンジしましょう。

これまで使ってきたおなかの奥とおしりの下の筋肉（きんにく）を意識しながら、しっかり床をおして、センターでの正しい立ち方を身につけていきましょう。

ここがポイント★センター・レッスン

まずは正しく踊るためのポイントを確認しましょう。

センター・レッスンではバーの支えがないぶん、自分の力で体をまっすぐに支えつづけなくてはなりません。大切なのは、足の内側の３点（内くるぶし・土ふまず・かかと）を結んだ三角形を引き上げて、足でしっかり床をおすこと。そして左右のおしりの下やおなかの奥の筋肉を使って、内側から体をコントロールすること。足の三角形が左右にたおれないよう、内もものほうへまっすぐ引き上げることを意識すると、足うら全体でしっかりと床をおすことができます。また腕や脚から体を動かすのではなく、内側から動かすように意識することでまっすぐな軸をたもちつづけることができます。

足の内側の３点をむすんだ三角形をキープ！

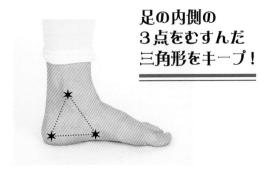

内くるぶし・土ふまず・かかとをむすんだ三角形が床と垂直になるように、内もものほうへまっすぐ引き上げる！

アラベスクしたとき

左右のおしりの下を集めてアン・ドゥオールし、まっすぐ後ろに脚を出す

おなかの奥の筋肉を頭のほうへ引っぱり上げるイメージで上体を引き上げ、おなかの奥から腕と脚を遠くへのばしていく

足の内側の三角形を内もものほうへ引き上げることで、足うらでしっかり床をおす

ルルヴェでパッセしたとき

おなかの奥の筋肉を頭のほうへ引っぱりつづける

左右のおしりの下を集める力で骨盤を安定させる

足の三角形を内もものほうへ引き上げ、足でしっかり床をおすことで高いルルヴェに

この２つのポイントを意識しながら、センター・レッスンのためのバーオソルにチャレンジしていきましょう！

センター・レッスンの ためのバーオソル

「足の三角形を意識して床をしっかりおすこと」
「内側の筋肉で体をコントロールすること」
── 2つのポイントをエクササイズで確認していきましょう。

おなかの奥の筋肉でコントロールする

Step1

体の外側のよけいな力をぬき、おなかの奥の筋肉を使って内側から体を動かしてみましょう。

1

❶ 足うらを合わせ
て座り、両手で足
をつかむ。

おなかの奥の筋肉を
頭のほうへ引っぱるイメージで
上体を引き上げる

肩の力をぬく

背中をまっすぐに
立てる

❷ 上体を右にたおし、右の
肩を床に近づけていく。

上体を頭のほうへ
引っぱりつづける

2

3

おなかの奥の力をぬかないように、
頭のほうへ引き上げつづける

股関節に
力が入らないよう
リラックスした状態で
行いましょう

❸ 右肩が床についたら、その
まま背中を丸めてあおむけに
なり……

5

4

最後まで
おなかの奥の筋肉を
頭のほうへ
引き上げつづける

肩に力を入れずに、
おなかの奥の
筋肉を使って
起き上がる

❹ 左肩に体重をのせなが
らゆっくりと体を起こして
いき……

❺ 完全に起き上がる。
反対回りでも行う。

Barre au sol

Step 1

おしりの下の筋肉でコントロールする

脚の動きに上体がつられてたおれてしまわないよう、左右のおしりの下を集めつづけましょう。

1
おなかの奥の筋肉を
頭のほうへ引き上げる

両肩は床につける

❶ あおむけになり、両脚をそろえて膝を曲げる。腕はアン・オーに。

2
左右のおしりの下を集めて
アン・ドゥオール

脚のつけ根とおなかが
まっすぐになるよう、
おしりの下の筋肉を使って
もち上げる

足の内側の三角形を
まっすぐに立て、
内もものほうへ引っぱり上げる

肩は
床につけたまま

❷ おしりをもち上げてドゥミ・ポアントに。アン・ドゥオールして両膝を左右に開く。

Point!
足の三角形を意識して
しっかり床をおすこと
で、左右のおしりの下
を集めやすくなります

NG ✕
足の三角形が左右にたおれ
てしまって床をおせており
ず、左右のおしりの下を集
められていない

3
脚を開いたときに
右脚がついていかないよう、
左右のおしりの下を
集めつづける

❸ 右膝は開いたまま、左膝を床につける。反対の脚でも行う。

Level up!

慣れてきたら、❸の姿勢からそのまま右脚をエカルテにデヴェロッペし、より負荷をかけてみましょう。

出した脚につられて
腰が開かないように、
左右のおしりの下を
集めつづける

Step 3 足の三角形を引き上げて床をおす

足の三角形が左右にたおれないように床をおしつづけ、膝をしっかりのばしきりましょう。

3

右膝をのばして
いくと同時に、
軸足の三角形を
さらに内ももの
ほうへ引き上げ、
床を強くおす

❸ 床をおす力で右膝を
のばしながら、左脚をそ
ろえて第6ポジションに。
反対の脚でも行う。

2

おなかの奥の筋肉を
引き上げる

右足の三角形を
膝のほうへ引き上げつづけ、
しっかり床をおす

❷ 左脚を前に上げ、
両手でつかむ。

Point!　はじめは両手を床につ
けて行ってもOK。そ
のぶん足の三角形が左
右にたおれないよう、
しっかり床をおすこと
を意識しましょう

1

足のゆびがうかないよう意識して、
ぎりぎり床におしりがつかない
ところまで腰を下ろす

足の内側の三角形を
膝のほうへ引き上げる

❶ 第6ポジションから膝を
曲げ、両腕は前にのばす。

足で床をしっかりおし、内側の筋肉でコントロール　Step 4

ハンガーを使って、上体を遠くへ引っぱりながら行います。
足の三角形を意識しながら床をおし、同時に内側の筋肉を使って体をコントロールしましょう。

4

おなかの
奥の筋肉で
手足を
コントロール

足の三角形を
引き上げつづけて
床をおしつづける

❹ ハンガーが遠くを通
るようにゆっくり上体
をもどす。

3

上体を引き上げ
つづける

左右のおしりの下を
集めつづけて
バランスをキープ

三角形を引き上げ、
しっかり床をおす

❸ 右脚をタンデュにし、
つま先を左膝につけて
パッセに。

2

おなかの奥から
腕を遠くにのばす

体が前後に
たおれないよう、
左右のおしりの下を
集めつづける

❷ ハンガーが遠くを通
るようにゆっくりと体
をたおす。

1

つま先は少し
外へ向ける

❶ 脚を肩幅(かたはば)よりも少し
広めに開き、頭の上で
ハンガーをもつ。

足の三角形を引き上げ、高いルルヴェをキープ

三角形を内もものほうへ引き上げることで
足で床をしっかりおし、かかとを高く上げましょう。
上体を前にたおしてもバランスをキープできるよう、
左右のおしりの下は集めつづけて。

1

❶ 両脚を肩幅に開いてパラレルで立ち、ルルヴェする。両腕はアン・オーに。

おなかの奥の筋肉を
頭のほうへ引き上げる

左右の
おしりの下を
集める

2

❷ 高いルルヴェをキープしたまま、なるべくおしりをつき出さないようにして、上体を前にたおしていき……

腰から上体を
前にたおす

バランスを
くずさないよう、
左右の
おしりの下を
意識しつづける

足の内側の三角形が
ゆがまないように
内もものほうへ引き上げ、
しっかり床をおす

3

❸ 両手で両足をつかむ。

上体を引き上げつづけるイメージで、
おなかの力をぬかない

内側の三角形を
内もものほうへ
引き上げつづける

高いルルヴェを
キープすることで、
ももうらがのびる

4

❹ ゆっくりかかとを
下ろす。

バランスを
くずさないよう
ももうらを
天井にむかって
引き上げる

三角形を引き上げつづけ、
ゆっくりとかかとを下ろす

三角形の引き上げが足り
ず、左右にたおれてしま
い、かかとが落ちている

NG✕

Point!

足の三角形を内もものほうへ
引き上げつづけ、しっかり床
をおすことで、ルルヴェを高
くキープしましょう

パンシェのバーオソル

不安定なポーズでも足の三角形を引き上げつづけ、
床をしっかりおすことで体をまっすぐにキープ。
大きく脚を上げてもおしりの下とおなかの奥の筋肉を使って、
内側から体をコントロールしましょう。

1

バランスをくずさないように
左右のおしりの下を集め、
天井にむかって
引き上げる

内側の三角形を
内もものほうへ
引き上げる

❶ 両脚をそろえて立
ち、上体を前にたお
して足首をつかむ。

2

三角形が
ゆがまないように
引き上げつづける

ルルヴェすることで、
しっかりとつま先側に
体重をのせる

❷ ルルヴェしてから、ゆっくりか
かとを下ろす。これを2回行う。

3

おなかの
奥の筋肉を
頭と脚で
引っぱり合う
イメージで
脚をもち上げる

軸足の三角形を
内もものほうへ
さらに引き上げ、
床をしっかりおす

❸ 両手で左の足首を
つかみ、右脚を後ろに
上げていき……

4

❹ 右脚を天井までもち上げ
る。右脚を下ろして❶にも
どり、反対の脚でも行う。

最後まで内側の三角形を引き上げつづけ、床をしっかりおしつづける

Point!

はじめは両手を床につけても
OK。手の力だけで体を支え
ず、足でしっかり床をおす練
習をしていきましょう

バーオソルの魅力や
守るべきポイントを
チェック！

❀ バーオソルってなに？

バーオソル（Barre au sol）はバレエのレッスン方法のひとつ。フランス語で「床の上のバー」という意味で、床に寝たり座ったりした状態で行うバー・レッスンのことを指します。

❀ だれが考えたの？

バーオソルを考案したのは、ロシア系フランス人のバレエ教師ボリス・クニアセフ氏。1950年代、彼はスタジオにバーを設置することができなかったため、立った状態ではなく、床に寝たり座ったりした状態でバレエに必要な体幹を強くし、筋力や柔軟性をアップさせる方法を考え出しました。現在は本場フランスをはじめ世界中のバレエ学校やプロのバレエダンサーはもちろん、フィギュアスケート、体操、新体操などの選手、モデルや俳優などの日々のトレーニングに取り入れられています。

❀ どんな効果があるの？

1. バレエで使うべき筋肉を感じられる

立って行う通常のバー・レッスンは、正しい姿勢をキープするために全身をカチコチに固めてしまいがち。すると、本来使うべき筋肉を感じにくくなってしまいます。でもバーオソルでは床に寝たり座ったりすることでよけいな力がぬけるので、体の奥にあったり、ふだん使ったりしないけれどバレエでは重要な筋肉をより感じやすくなります。また、よけいな力がぬけることで、自重トレーニング（自分の体の重さを使ったトレーニング）としての効果がアップすること。これを守らないと、バーオソルをしたことにはなりません。よけいな力をぬいて自重を効果的に使いながら、つねにおなかの奥を使ってトレーニングすることで、コアの筋肉がきたえられ、体幹が強くなっていきます。

2. 筋肉の柔軟性と関節の可動域が向上する

床に寝ると、立っているときよりも筋肉の緊張や関節への負担が軽減されます。その状態で、自重の負荷をかけながらバレエの動きをすることで、筋肉はよりのびやかに、関節はより大きく動かせるようになります。

3. 正しいバレエの姿勢や体の使い方が身につく

通常のバー・レッスンとちがい、バーオソルにはバーという支えがないので、自分で姿勢を安定させなければなりません。そのため、つねにコアの筋肉を働かせて上体を引き上げ、骨盤を正しい位置にたもち、背中のアラインメントを整え、脚を股関節から正しくアン・ドゥオールする必要があり、レッスンのなかで着実に身についていきます。また、その状態で正しくバレエの動きをすることで、正しい体の動かし方も身につきます。

4. 体幹が強くなる

バーオソルの基本姿勢は、おなかをへこませて頭のほうに引き上げること。これを守らないと、バーオソルをしたことにはなりません。よけいな力をぬいて自重を効果的に使いながら、つねにおなかの奥を使ってトレーニングすることで、コアの筋肉がきたえられ、体幹が強くなっていきます。

5. 充実感と達成感が得られる

ふだん使えていない体の奥の筋肉を使うためには、しっかり集中しないといけません。自分の体に集中し、正しい筋肉を使ってトレーニングしていると、充実感と達成感が得られ、自分に対する自信もわいてきます。また、自分の体に耳をすませること

で、自分の体と心にとっていいのかがわかってくるようにもなります。

バーオソルで大切なことは？

「おなかの奥」と「おしりの下」を使うことです。

このふたつはバレエの基本である「上体の引き上げ」と「アン・ドゥオール」に欠かせません。使い方はかんたんで、「おなかの奥」はおなかをへこませて頭のほうに引き上げる、「おしりの下」は左右のおしりの下を集める——これだけです。とくに大事なのは「おなかの奥」で、ここを使うことで上体が引き上がり、股関節にスペースができるので、「おしりの下」を集めてアン・ドゥオールしやすくなります。この2ヵ所の動きをきちんと使った上でバレエの動きを行うと、正しい筋肉を使って踊ることができます。

バーオソルはきつくないの？

みなさんは通常のバー・レッスンを、「きつくてつづけられない」と思いますか？ きっと思わないですよね。バーオソルもおなじです。バーオソルは単調な「筋トレ」ではなく、フランスでは「バレエ」として認識されています。レッスンはかならずピアノの生演奏ですし、プレパレーションのときには「さあ舞台の幕があきました！ 準備できていますか？」と声がかかります。また、どんなにきつい動きのときも、ポーズはもちろん表情まで注意され、「踊って！」と注意が飛ぶのです。自分の体に集中しながらも音楽を感じ、全身で美を表現することが求められる——内容も雰囲気もすべてがバレエなんです。音楽にのってつづけられるバレエなら、きつくてもつづけられる気がしませんか？

とはいえ、ふだんあまり使えていない筋肉を使うことになるので、きついと感じるのはたしか。そんなとき助けになるのが音楽です。この本のレッスンも、美しいバレエ音楽にのせて行っています。ぜひ音楽の力を味方につけてください。バーオソルは自分の足りない部分

バーオソルはどんな人におすすめ？

バレエを正しく踊れるようになりたい、体幹を強くして体のラインを美しくしたいと願うすべての人におすすめです。自分の弱かったり苦手だったりする部分がわかっている人ほど、効果を実感できるでしょう。

バーオソルはいつやればいいの？

レッスンのない日の自主トレーニングにはもちろん、バレエ・レッスンの前に行うと、バーオソルの効果をより感じられておすすめです。たとえばプリエのときにどこの筋肉を使えばいいのか、バーオソルでしっかり確認してからバー・レッスンを行うと、動きの質が変わるのを感じられるはず。レッスンの前におすすめのバーオ

バーオソルをするときの服装は？

動きやすい服装でかまいません。ただ、足さばきの悪い服だと動きづらいので、ある程度体にフィットする服装がベター。足もとはバレエシューズまたはくつ下がおすすめです。ちなみにフランスではレオタードにレギンス、くつ下が基本のスタイル。ヘアスタイルは首の後ろがきちんと見えるようにシニヨンにするのが決まりです。バーオソルはバレエ。なるべく体にラインが見える服装のほうが動きやすく、正しくできているかを確認しやすいでしょう。

をおぎなってくれるので、やっているとプラスの感覚があるし、いまよりもよくなることしかないからこそ、つづけられると思います！

ソルは、7ページで紹介しています。

おわりに

バーオソルを体験してみて、いかがでしたか？

すぐに目に見える変化はなくても、つづけることでかならず結果につながっていきます。

ぜひ日々のトレーニングに取り入れてみてくださいね。

フランスでは、プロのバレリーナから一般の人まで、年齢や職業、体型に関係なくどんな人でも気軽にバーオソルのレッスンに参加しています。

そしてみんなが分け隔てなく1つの教室にいながら、けっして他人を気にしません。

鏡張りのスタジオなのに、鏡も見ません。

自分の体のいいところを見つけ、さらに高め、その心地よさを味わう──

つまり自分だけに集中しているからです。

レッスンで「体幹」をきたえつつ、「自分軸」もきたえているんですね。

だれかと比較するのではなく、生まれもった自分の体をよりよくすることに目を向けるのがバーオソルです。

バーオソルを通してみなさんの心と体がポジティブに変化していくことを心から願っています！

2023年秋

KANAMI

クニアセフさんの愛弟子で、
恩師のジャクリーン先生と

Barre au sol

動きの正解がわかる！ 筋肉が変わる！

バレエのためのバーオソル
クニアセフメソッド®
～寝たまま行うバー・レッスン～

クララ編　　指導・モデル／KANAMI

初出
「クララ」2020年11月号～2021年7月号

2023年11月10日　初版第1刷発行

発行者
三浦和郎

発行
株式会社 新書館
編集／〒113-0024 東京都文京区西片2-19-18
TEL 03-3811-2871　FAX 03-3811-2501
営業／〒174-0043 東京都板橋区坂下1-22-14
TEL 03-5970-3840　FAX 03-5970-3847

表紙・本文レイアウト
SDR（新書館デザイン室）

写真
政川慎治

モデル
菅野真比奈
（バウンドプロモーション）

印刷・製本
株式会社 加藤文明社